Dietrich Volkmer

Ithaka

Szenen einer Heimreise

Dietrich Volkmer

ITHAKA

Szenen einer Heimreise

Die Odyssee

Szenen einer Heimreise

Die Deutsche Nationalbibliothek verzeichnet diese
Publikation in der Deutschen Nationalbibliografie;
Deteaillierte bibligrafische Daten sind im Internet über
http://dnb.ddb.de
abrufbar

Text, Layout und Umschlaggestaltung: Dr. Dietrich Volkmer
www.literatur.drvolkmer.de

Internet-Seiten
www.literatur.drvolkmer.de
www.privat.drvolkmer.de
www,buchtipps.drvolkmer.de
www.drvolkmer.de

Verlag:
BoD • Books on Demand GmbH, In de Tarpen 42,
22848 Norderstedt
Druck:
Libri Plureos GmbH, Friedensallee 273, 22763 Hamburg
Printed in Germany,

ISBN: 978-3-7597-5973-3

MIX
Papier aus verantwortungsvollen Quellen
Paper from responsible sources
FSC
www.fsc.org
FSC® C105338

Inhaltsverzeichnis

Niemand kann dir die Brücke bauen,
auf der gerade du über den Strom des
Lebens schreiten musst - niemand
ausser dir allein

F. Nietzsche

Vom Ziel haben viele Menschen einen
Begriff, nur möchten sie es gern
schlendernd auf Promenaden
erreichen

J.W. v. Goethe

Olivenbaum im Norden Ithakas

Vorwort

Homer, Troja, Odysseus und Ithaka – das sind Begriffe, die wohl die meisten Leser schon einmal gehört haben. Der Name Heinrich Schliemann fällt sicher ebenfalls so manchem ein. Aber nicht jeder weiss auch, dass die beiden ersten grossen Hauptwerke der abendländischen Dichtkunst, die „Ilias" und die „Odyssee" vor rund 2800 Jahren (in Worten: zweitausendachthundert) entstanden sind, ein unglaubliches Alter für eine Dichtung.

Es ist erstaunlich, dass uns diese Werke bis heute erhalten geblieben sind und von den Schülern, die ein Humanistisches Gymnasium besuchen, noch heute gelesen werden können oder müssen.

Diejenigen, die der altgriechischen Sprache nicht mächtig sind, müssen die Werke des grossen Poeten Homer in verschiedenen Übersetzungen lesen, so wie ich es bei dem Verfassen dieses Buches getan habe.

Man kann dabei nur hoffen, dass die Übersetzer in die Feinfühligkeit der Ausdrucksweise Homers hineinschlüpfen konnten, um uns Lesern einen Eindruck seiner antiken Gedanken zu vermitteln. Sämtliche Übersetzungen sind daher immer ein Kompromiss, denn jede Sprache und jede Zeit hat ihre eigene Farbigkeit. Damit muss man leben.

Ich muss gestehen, dass ich beim wiederholten Lesen immer wieder Passagen in verschiedenen Übersetzungen fand, die vom Inhalt und der Bedeutung relativ ähnlich waren und mir eine Hochachtung vor der – so möchte ich es einmal nennen – psychologischen Raffinesse des antiken Dichters abverlangten.

Ob die aber von den Altphilologen der Schulen und Universitäten auch so gesehen und verstanden werden, vermag ich nur zu hoffen.

Auf jeden Fall hat mir die Lektüre immer wieder Freude bereitet, ja so manchesmal war die Odyssee richtig spannend wie ein Abenteuerroman.

Dieses uralte (kann man fast sagen) Helden-Epos ist wie eine Mischung aus Abenteuer, phantastischer Reise-Lektüre, Liebesgeschichte und Mythologie. Aber es ist noch wesentlich mehr: Es ist das erste psychologische Werk der Weltgeschichte. Zugegeben, es in der Originalversion, d.h. in der Übersetzung zu lesen, erfordert viel Zeit und Hingabe. Daher habe ich versucht, es in unsere Sprache und Denkweise zu transferieren. Ich wünsche allen, denen dieses Werk in die Hände bzw auf den Schirm ihres E-Books oder ihres Computers fällt, ebenso viel Freude beim Lesen wie es mir beim Schreiben gemacht hat.

Es ändern sich nämlich nur die Formen, zeitgemäss versteht sich, die Inhalte bleiben stets die gleichen.

Bad Soden, im Oktober 2024

Ithaka

Wenn du auf die Reise nach Ithaka aufbrichst,
wünsch dir, dass der Weg sich lange ziehen möge,
voll Abenteuer, voll Erkenntnis.

Vor Laistrygonen, vor Kyklopen,
vor dem zornigen Poseidon habe keine Angst,
derlei wirst du auf deiner Reise niemals finden,
wenn nur dein Denken hoch, wenn erlesene
Ergriffenheit dir Geist und Körper anrührt.

Den Laistrygonen und Kyklopen,
dem wilden Poseidon wirst du nicht begegnen,
wenn du sie nicht selber in deiner Seele mitschleppst,
wenn deine Seele sie nicht vor dir aufpflanzt.

Und immer habe Ithaka vor deinem Geist.
Dort anzukommen ist deine Bestimmung.
Doch sollst du die Reise ja nicht übereilen.
Es ist besser, sie dauert viele Jahre.
Ithaka schenkte dir die schöne Reise.
Sonst hättest du dich ja nicht auf den Weg gemacht.
Nichts anderes hat es dir mehr zu bieten.

Konstantinos P. Kavafis
Auszüge aus dem Gedicht „Ithaka", in „Kavafis- Seferis –
Auswahl aus den Gedichten"
Erschienen bei Eridanos, Athen.

Statue des Odysseus im kleinen Ort
Stavros im nördlichen Teil von Ithaka

Einstimmung

Am Anfang dieses Buches erscheint es angebracht, ein paar Worte über die Motivation zur Betrachtung eines solchen Themas zu verlieren.

Schliesslich haben schon Generationen von Philhellenen und Altphilologen sich an den Reisen und Abenteuern des homerischen Heldenberauscht, erfreut oder erquickt, je nach Gemütslage des einzelnen.

Viele hat die intellektuelle Neugier sogar so weit getrieben, dass sie es ganz genau wissen wollten, in welchen geografischen Breiten Homer seinen trojanischen Heimkehrer hat herumirren lassen.

So verglichen sie pedantisch die homerischen Beschreibungen mit ihren Atlanten des mediterranen Raums, immer in der Hoffnung, eine Spur von Odysseus zu finden und einer Trophäe gleich, diese Erkenntnis oder Pseudoerkenntnis unter Kollegen und anderen Suchern hochzuhalten.

Ebenso unsinnig erscheint es, dass es Archäologen und sonstige antiquarische Detektive gibt, die partout den biblischen Garten Eden aufspüren wollen. Sie verkennen völlig, dass das Paradies keine geografische Lokalisation hier auf Erden hat – nur vertrackte Erz-Sozialisten glauben noch immer daran, etwas Derartiges hier auf Erden einrichten zu können.

Der Garten Eden ist eine religiöse Metapher, ebenso wie die gesamte Schöpfungsgeschichte der Bibel.

Dieses Buch hat sich derartige Intentionen nicht zum Ziel gesetzt.

Mir als Autor ist sogar ziemlich gleichgültig, an welchen Gestaden sich Odysseus mit seinen Mannen und später allein getummelt hat. Ich bin sogar der Meinung, dass diese Versuche der geografischen Lokalisierung dem Werk Homers und seinen Absichten gänzlich abträglich zu sein scheinen.

Ja, ich bin überdies der Ansicht, dass es gar nicht im Interesse Homers – falls es ihn denn als reale Person gegeben hat – gelegen hat, sämtliche Stationen der Reise seines Helden kartografisch genau anzugeben, um damit die detektivisch-intellektuelle Neugier späterer Generationen zu befriedigen.

Wer sich seine Phantasie nicht verbiegen lassen möchte, kann sich diese Art von Literatur getrost ersparen.

Die einzigen „Eckpfeiler" dieser antiken Abenteuerreise sind und bleiben dann nur Troja und Ithaka.

Wenn wir davon ausgehen müssen, dass die Stationen dieser Reise samt und sonders der Phantasie Homers entsprungen sind, so ist natürlich als Konsequenz dieser Betrachtung die von vielen sicher fast als Sakrileg empfundene Frage berechtigt, ob die beiden eben erwähnten „Eckpfeiler", nämlich Ausgangspunkt und Ziel, ebenfalls willkürlich gewählt sind und keine historisch belegbaren Aspekte aufweisen.

Jedoch will ich mich zu Beginn des Buches nicht gleich zu weit aus dem Fenster lehnen und die Dinge in aller Ruhe weiter im Detail auf mich und Sie zukommen lassen.

Die „Ilias" und die „Odyssee" sind als reine Geschichtswerke weniger von Bedeutung, auch wenn Heinrich Schliemann die „Ilias" als Motiv für seine archäologischen Recherchen in Troja, dem heutigen Hissarlik, benutzt hat.

Vielmehr erscheinen sie als sagenhafte Ursprungsgebilde einer sich für die Zukunft rüstenden Kultur, die wie keine zweite unser gesamtes abendländisches Wesen initiiert und befruchtet hat.

Erstaunlich ist, da ja soviel Wertvolles unter den Trümmern der Vergangenheit begraben wurde und durch die mit Arroganz gepaarte Ignoranz späterer Jahrhunderte der Vernichtung anheim fiel, dass diese Epen uns bis heute erhalten geblieben sind.

Ich bin kein Altphilologe. Zwar habe ich ein humanistisches Gymnasium besucht, habe aber aus, wie ich damals glaubte, opportunistischen oder rationalen Gründen – wie immer man es aus der Retrospektive betrachten will – als dritte Fremdsprache nach Englisch und Latein die französische Sprache gewählt.

Natürlich gab es die Möglichkeit, am Nachmittag in Form eines Arbeitskreises Altgriechisch zu belegen.

Aber einmal Hand aufs Herz, verehrte Leser beiderlei Geschlechts, geht oder ging es Ihnen nicht auch so: In der Jugend tendiert man leicht zu einer pragmatischen Bequemlichkeit, die sich noch nicht an eventuellen Zukunftsbedürfnissen orientiert, da darüber noch der Schleier des Verborgenen liegt.

So blieb fortan, so möchte ich es heute formulieren, ein weisser Fleck in meiner humanistischen Ausbildung bestehen und ich konnte die Werke Homers, durch die sich damals mein Banknachbar während meiner Französisch-Stunden quälte, nicht im Urtext lesen.

Doch das war noch nicht alles an Defiziten, die mir meine Französisch-Entscheidung einbrachte.

Später, im Erwachsenen-Alter, entdeckte ich meine Liebe für Griechenland mit seinen unzähligen Inseln und entschied mich, das Neugriechisch zu lernen.

Einem Altphilologen fällt das Lesen der fremden Buchstaben natürlich viel leichter als mir, der ich erst einmal mit den neuen

Lettern – das zweite Defizit - kämpfen musste.

Aus der Mathematik waren uns ja wenigstens ein paar griechische Buchstaben bekannt.

Das war es dann aber auch schon.

Denn das Neugriechisch unterscheidet sich vom Altgriechischen erheblich. Möge kein Graecist glauben, dass im heutigen Hellas auch nur einer seine alten Sätze versteht, es sei denn, der Angesprochene ist zufällig Lehrer der Sprache Homers.

In einem meiner Neugriechisch-Lehrbücher fand ich eine herrliche Karikatur zu diesem Thema. An einer Bus-Haltestelle irgendwo in Hellas steht ein typischer Grieche. Da nähert sich mit Rüstung, Helm und Federbusch ein als Alter Grieche verkleideter Mann und spricht den Wartenden an mit dem ersten Satz der „Odyssee": „Nenne mir Muse die Taten des vielgewanderten Mannes …" (nach der Übersetzung von Johann Heinrich Voss aus dem Jahr 1793).

Das Gesicht des Neugriechen spiegelt nur herrlich anzusehendes Unverständnis. Aber trotzdem rafft er sich zu einer wissenden Antwort auf und die ist kennzeichnend: „Aha" sagt er „deuts(ch)".

Wer sich mit Homer befasst, kommt nicht darum herum, sich mit der geradezu überwältigend grossen Götter- und Sagenwelt der Griechen zu befassen.

Es gibt wohl kein Volk auf dieser Welt – damit mir aber niemand kritiklose Vorliebe für das Griechentum vorwerfen kann, reduziere ich die ganze Welt auf den westlichen Kulturkreis – das einen so umfangreichen, ja gewaltigen Sagenschatz angehäuft hat, wie die Griechen in ihrer klassischen Hochphase.

Nun hat nicht jedermann ein Interesse an Sagen, Mythen und Märchen.

Vieles erwirbt man durch die Eltern oder Grosseltern, wenn diese Zugang zu diesen Bereichen hatten oder zumindest akzeptierten.

Ich hatte das Glück, eine Grossmutter zu haben, die auf der einen Seite abergläubisch war, zum anderen aber noch ein wenig über die Sagen ihrer (und letztendlich meiner eigenen) schlesischen Heimat Bescheid wusste.

So hörte ich als Kind häufig von jener sagenhaften Gestalt aus dem Riesengebirge, dem Rübezahl. Er lebt noch immer in meiner Erinnerung als bärtiger Hüne mit einem grossen Stock, auf den er sich stützte und den er auch als Waffe verwenden konnte. Manchmal vermischen sich in meiner Phantasie die Bilder von Rübezahl und Zeus zu einer Person, aber wenn die Vernunft sich einschaltet, muss ich sie jedoch schleunigst wieder trennen, denn man täte dem Göttervater wohl unrecht, würde man ihn, den Blitzeschleuderer und Wolkenversammler vom Olymp, mit Rübezahls Keule ins Riesengebirge versetzen, auch wenn es nur in Gedanken ist.

Die nächste Sage war mit unserer neuen, von den Siegermächten des Zweiten Weltkriegs verfügten Heimat verbunden. Der Silbersee in der Nähe von Bremerhaven, in dem wir als Kinder im Sommer schwammen, sei der Legende nach durch eine Verwünschung, durch einen Fluch entstanden, durch den das Schloss, das dereinst hier stand, mit Mann und Maus für

17

immer im See verschwand. So manchesmal beschlich mich beim Schwimmen im tiefen Wasser ein mulmiges Gefühl, wenn ich daran dachte, dass unter mir die Leichen von Rittern und Burgfräulein am Grund des Sees bis in alle Ewigkeit liegen könnten.

Das nächste Kapitel, das mich etwas näher an dieses Buch-Thema führte, war ein Gespräch in der neunten Klasse mit meiner damaligen Deutsch-Lehrerin Frau Zimmermann. Man sagte ihr nach, sie sei sehr streng, aber sie hatte ein gutes Herz.

Das damalige Gespräch begann mit einer klaren Aussage der Lehrerin. „Dieter, ich empfehle dir dazu das Buch von Peter Bamm „Die unsichtbare Flagge". Peter Bamm beschreibt darin – er war zuvor als Feuilletonist bei Berliner Zeitungen tätig – seine Eindrücke und Erlebnisse als Arzt an der Ostfront im Zweiten Weltkrieg.

Das war ein entscheidender Tipp für mein späteres Leben und ich bin Frau Zimmermann für diesen Hinweis noch immer dankbar.

Aus Bewunderung für die umfassende allgemeine und humanistische Bildung von Peter Bamm wurde daraus eine Liebe zu all seinen folgenden Büchern und zur klassischen griechischen Antike.

Um nur einige seiner Bücher zu erwähnen: „Die Küsten des Lichts", „Frühe Stätten der Christenheit" und „Alexander oder Die Verwandlung der Welt".

Seine sämtlichen Werke haben neben den Büchern von Nikos Kazantzakis noch immer einen Ehrenplatz in einem meiner Bücherregale.

Wer für Griechenland schwärmt, besucht früher oder später die Stätten seiner Sehnsucht.

18

Es muss nicht immer so verklärt sein, wie zu Zeiten Goethes, Schillers oder Winkelmanns, als bei allen Philhellenen der Satz kursierte „Das Land der Griechen mit der Seele suchen".

Aber ein wenig Nostalgie ist und war schon dabei.

Eine Unmenge von Reisen führte uns auf das griechische Festland, aber viel mehr noch auf die griechischen Inseln.

Bei all diesen Besuchen reiste im Kopf die Antike immer mit und ich denke, dass es gerade diese Erinnerungen waren, die mich oft ein Auge zudrücken liessen über aktuelle Unvollkommenheiten – so möchte ich es einmal höflich-nachsichtig umschreiben – der griechischen Jetzt-Zeit.

Diese Zeilen schreibe ich auf einem Schiff, das uns von der Insel Santorin zur Insel Naxos bringen soll. Wer denkt dabei nicht an Ariadne und an Theseus, dessen Vater Aigeus wiederum durch seinen Enttäuschungssturz von den Klippen Athens sich bis heute im Namen Ägäis verewigte.

Es ist fast gefährlich, sich in der griechischen Sagenwelt zu bewegen – immer wieder erliegt man der Versuchung abzugleiten.

Die Begeisterung für die erste grosse Dichterin des Abendlandes, der Poetin Sappho (sie lebte um 600 v. Chr.) von der Insel Lesbos, führte zu einer viermaligen Reise auf diese Insel und damals zu einem Buch mit dem Titel „Die Dichterin Sappho - ihre Heimat, ihr Leben, ihre Gedichte."

Natürlich konnten auch Enttäuschungen nicht ausbleiben.

So geschehen auf der Insel Kythera.

Hier sollte sich nämlich das Versprechen der Aphrodite erfüllen. In Kleinasien stellten sich die drei Göttinnen Hera, Athene und Aphrodite bei der ersten Miss-Wahl der Weltge-

19

schichte dem Urteil des trojanischen Prinzen Paris, der allerdings zu dieser Zeit noch als Viehhirte tätig war.

Wie sollte sich der arme Kerl auch anders entscheiden, beim Versprechen der Liebesgöttin, ihrem gekonnten Augenaufschlag, ihren geschwungenen Lippen und – auch das muss man berücksichtigen – ihrem herrlichen entblössten Busen, als ihr den Siegesapfel der Zwietracht-Göttin Eris zu überreichen.

Und Götter halten Wort.

Auf der Insel Kythera war der Aphrodite ein Tempel geweiht. Hier sollte sich die Prophezeiung erfüllen.

Paris, inzwischen als Sohn wieder am trojanischen Hof aufgenommen, trat eine Reise an, die ihn auch nach Kythera führte und er gedachte an eben jenem Tempel ein Opfer darzubringen.

Die fein gesponnenen Fäden der Aphrodite begannen ihre Wirkung zu entfalten.

Am Königshof von Sparta war der Hausherr Menelaos auf Reisen. Seine Frau Helena, auch bekannt unter dem Namen „Die schöne Helena", die schönste Frau der damaligen Zeit, langweilte sich und fuhr auf dem Peloponnes gen Süden und setzte nach Kythera über, um ebenfalls der Aphrodite ihre Aufwartung zu machen.

Paris sah sie und verliebte sich in sie. Sie wohl auch in ihn. Sonst hätte sie bei der späteren Entführung vom Hof in Sparta erheblich mehr Widerstand geleistet.

Um es kurz zu machen: Der Raub der Helena war der Anlass für den Trojanischen Krieg, in dem schlussendlich auch die Hauptperson dieses Buches, unser Held Odysseus, entscheidend verwickelt erst wurde und dann war.

Zu gern hätte ich diesen für ein antikes Epos so wichtigen

Tempel oder was von ihm übrig geblieben war mit eigenen Augen gesehen. Leider, soweit zu der Enttäuschung, haben wir ihn nicht gefunden und es gab auch keinen Einheimischen, der uns einen entscheidenden Tip geben konnte.

Eine spätere Reise, eine Studienwanderreise, sollte uns endlich auf die Insel des Odysseus führen.

Sie begann auf Korfu, führte bei Igoumenitsa wieder aufs Festland und danach auf die Insel Lefkas.

Von dort ging es endlich weiter per Schiff zum lang ersehnten Ziel.

Während der ganzen Überfahrt hatte ich nur Augen für das, was uns erwartete.

Es ist immer ein aufregendes Gefühl, auf etwas zuzusteuern, etwas sehnsüchtig zu erwarten, voller Vorfreude und Spannung, ob sich das im Inneren aufgebaute Bild mit dem wirklich Vorzufindenden zur Deckung bringen lässt oder ob eine Enttäuschung bevorsteht. Eine Art Kribbeln im Bauch, wenn man es einmal profan schildern darf.

Ausser der Insel Ithaka hatte ich dieses spannungsgeladene Gefühl nur beim ersten Besuch auf der Osterinsel, die von ebenso vielen, aber völlig anders gearteten Mythen durchdrungen ist.

Am kleinen Hafen von Fríkes im Norden der Insel erwartet uns Venos mit dem einzigen Linienbus der Insel. Ein alter Mercedes-Bus, aber er versichert sogleich, dass er einen neuen Bus bestellt habe. Beim nächsten Besuch von Ithaka steuert er bereits ein neueres Exemplar. Mit diesem Bus führt er nämlich einige Male täglich den Linienverkehr zwischen Vathi und dem Norden der Insel durch. Ab und zu holt er zwischendurch auch mal eine Reisegruppe ab. Unser Reiseleiter Kostas kennt ihn schon länger.

Nun waren wir endlich auf dieser Insel, auf der Homer seinen Helden starten und nach langen Irrfahrten wieder ankommen lässt.

Nun möchte man ausrufen: „Odysseus, fahr endlich von Troja los wie alle anderen Achaier".

Aber Geduld, Geduld, noch ist er gar nicht losgefahren. Noch sitzt er auf Ithaka und weiss nichts von den Eskapaden eines Paris und hat gerade voller Freude die Geburt seines ersten Kindes, eines Sohnes natürlich, erlebt.

Wenn jemand heimkehren will, wenn er seine heimatlichen Gefilde wieder sehen will, dann muss er erst einmal aufbrechen, muss die Anker lichten, muss Abschied nehmen – und was dann passiert, liegt in den uneinsehbaren Entscheidungen der Götter.

Also, Odysseus, brich auf, lasse Ithaka erst einmal am Horizont versinken, sonst muss dieses Buch hier sein Ende finden.

Unbefangen auf Ithaka

Was waren es für herrliche Zeiten für Odysseus!

Er war der Herrscher der Insel; manche sprechen ihm sogar so etwas wie eine Königswürde zu.

Bei einer so kleinen Insel immerhin schon ein grandioser Titel, denn im Hinblick auf die frühe Zeit dürfte die Einwohnerzahl nicht allzu üppig gewesen sein.

Aber in Anbetracht dessen dass wir es letztendlich mit einem Helden zu tun haben, der in der „Ilias" bereits den Anstoss zum Sieg der Achaier gab und im zweiten Epos Homers die Titelfigur abgibt, wollen wir alles akzeptieren, was zu seiner dichterischen Erhöhung beiträgt.

Die Mutter Antikleia und der Vater Laërtes sind stolz auf ihren Sohn. Ihre Schwiegertochter Penelope hat ihnen gerade zum Status Grosseltern verholfen. Telemachos ist auf die Welt gekommen und damit hat Ithaka einen Thronfolger in Aussicht.

Doch die Idylle ist trügerisch.

Die Götter haben einiges in ihrem unerforschlichen Planungsprogramm, dass diesen Frieden in Bälde erheblich stören sollte.

Denn das einzig Konstante in jeglicher Entwicklung ist die Veränderung. Keiner der Helden dieser Welt glänzte durch das Hocken und Harren am eigenen Herd, sondern stets durch den Mut zum Aufbruch, durch Taten und durch die Inkaufnahme einer Veränderung oder Wandlung oder gar durch den Mut zum Risiko.

Im Prinzip ist Odysseus für eine Veränderung seines Lebens nicht eingestellt und auch nicht bereit.

Aber wer kann sich als Mensch gegen die hehren Pläne der Götter wehren?

Eine Frau war indirekt der Katalysator für alles folgende. Frauen spielen überhaupt im Leben von Odysseus später noch wichtige Rollen auf seinen geschwungenen Erlebenspfaden.

Wie bereits angedeutet, Helena hat ihren Gatten Menelaos schmählich hintergangen und ist einem jugendlichen trojanischen Prinzen gefolgt. Ob freiwillig oder entführt oder eine Mischung aus beidem, lassen wir erst einmal dahingestellt.

So etwas kann in der damals männlich dominierten Welt der alten Griechen nicht ungesühnt bleiben.

Eine gewaltige Rache, die nach den dichterischen Vorstellungen Homers den gesamten, damals bekannten Erdkreis erschüttern und in Mitleidenschaft ziehen sollte, ist angesagt.

Agamemnon aus dem Haus der Atriden und Bruder des Menelaos trommelt die griechischen Fürsten und Herrscher zu einem Feldzug gegen die Stadt des Frauenräubers zusammen.

Dass die schöne Helena nicht brutal entführt, sondern ein wenig aktive Mithilfe betrieben haben könnte, lag für diese antiken Machos ausserhalb ihrer diesbezüglich etwas eingeschränkten psychologischen Erkenntnismöglichkeiten.

Das Wort Ehre stand hoch im Kurs und die Waffen waren das einzige Medium zur Wiederherstellung dieses Ehrverlustes.

Agamemnon sandte nun seine Botschafter aus, um die Griechen über diese infame Ehrverletzung zu informieren und sie für das Mitmachen des Waffenganges zu motivieren.

Das Wort „motivieren" ist dabei fast beschönigend formuliert, es wurde im Grunde von jedem „anständigen" Griechen ohne Wenn und Aber erwartet, dass er seine Waffen aus dem Schrank nahm und sich Agamemnons Armada anschloss.

Auch der Herrscher von Ithaka zählte zum Kreis derjenigen Umworbenen, die sich diesem Appell nur schwerlich entziehen konnten, denn auch er hatte irgendwann einmal ein Versprechen zum Schutz der Helena abgegeben.

Wie aber soll er sich aus diesem Zwiespalt zwischen ehrenhaftem Beteiligtsein-Müssen und absoluter Lustlosigkeit retten?

Nur weil eine Frau die eheliche Treue nicht so genau nahm! Auch wenn sie zehnmal die Gemahlin eines griechischen Herrschers war.

Um sich über sein zukünftiges Schicksal zu orientieren, suchte er den Seher Halithersis auf. Dieser riet ihm von einer Fahrt nach Troja ab.

24

Seine Begründung: Vor zwanzig Jahren würde er kaum zurückkehren, niemand würde ihn dann wiedererkennen und er
würde all seine Gefährten verlieren.

Zwanzig Jahre unfreiwillig von der Heimat entfernt und dann
mit einer derartigen Prophezeiung – wer macht das schon gern?

Deutsche Kriegsgefangene, die über zehn Jahre in Russland
ausharren mussten, können davon ein Lied singen.

Nun: Homer nennt Odysseus nicht umsonst den Listenreichen. Und so grübelt Odysseus darüber nach, wie er am besten
dem trojanischen Feldzug entkommen und daheim bei Penelope und seinem neugeborenen Sohn Telemachos bleiben kann.

Er beschliesst als nicht zurechnungsfähig zu gelten – so
würde man es heutzutage formulieren. In so mancher deutscher
Übersetzung ist sogar das Wort wahnsinnig angeführt, aber so
weit wollen wir gar nicht gehen.

Angeblich verbreitete sich diese Kunde auch ohne die modernen Medien wie Internet und Mobiltelefon in Windeseile
durch ganz Hellas.

Agamemnon und Menelaos trauten diesem Gerücht jedoch
nicht, zudem wollten sie nur ungern auf einen ihrer fähigsten
Führer verzichten.

So sandten sie ihren tüchtigsten, intelligentesten und augenscheinlich ebenso listenreichen Rekrutierer gen Ithaka. Was
bekam Palamedes, so war sein Name, dort zu sehen?

Ein unglaubliches Schauspiel.

Odysseus war beim Pflügen. Aber nicht nach herkömmlicher
Manier mit zwei Ochsen, sondern mit einem Gespann aus
Ochse und Esel – eine für griechische Verhältnisse äusserst
merkwürdige Kombination.

Und um diesen Effekt noch zu verstärken warf Odysseus

nicht gewöhnlichen Samen in die Furchen, sondern warf Salz über seinen Kopf hinweg in die Erde.

Palamedes, ein wie bereits gesagt ebenso listiger Geselle wie Odysseus, sah sich dieses Spektakel eine Weile an und durchschaute den Schwindel alsbald sehr schnell.

Eine ebenso aufmerksame und hoffnungsvolle Beobachterin war Penelope, die den kleinen Telemachos auf dem Arm trug.

Um Odysseus zu überführen, entriss Palamedes der entsetzten Penelope den Säugling und legte ihn direkt in die Ackerfurche vor das Gespann von Odysseus.

Da gab der Herrscher von Ithaka resignierend auf und schloss sich mit seinen Mannen der Streitmacht des Agamemnon an.

Aber diese Überlistung hat Odysseus dem Palamedes nie verziehen.

Denn letzterer besass einen guten analytischen Verstand, der in manchen späteren Entscheidungen vor Troja dem Odysseus entgegen stand.

Aber diese Zwistigkeiten gehören zum eigentlichen Krieg, der uns nur am Rande interessieren soll.

So gänzlich am Rande wiederum auch nicht, denn immerhin ist das Ende dieses Krieges der zeitliche Startpunkt der zehnjährigen Heimfahrt des Odysseus, von Homer in seinem gewaltigen Epos der „Odyssee" beschrieben.

Wer hat Schuld am Trojanischen Krieg?

Jedes Ereignis, in das menschliche Schicksale eingewoben sind, scheint stets einen – nicht immer vordergründig sichtbaren – Auslöser zu haben.

Der Mensch ist von seiner intellektuellen Ausbildung her so

geformt (könnte man auch verformt sagen?), dass er bei solchen Ereignissen immer die Schuldfrage auf die Bühne stellt.
Schuld und Ursache sind auf gewisse Weise miteinander ver-
knüpft.

Die Frage nach der Ursache ist eines der schwierigsten und
manchmal auch frustrierendsten Kapitel des intellektuellen und
naturwissenschaftlichen Denkens.

Denn jede Ursache hat wiederum eine vorausgegangene Ursache und wenn man bei diesen Fragestellungen nicht rechtzeitig auf die Bremse tritt, landet man relativ schnell in uralten
Zeiten, ja sogar beim biblischen Sündenfall. Beim rein naturwissenschaftlichen Abklären ginge es sogar noch weiter.

Daher schliessen wir bei der Frage nach der eigentlichen „Ursache" für den Trojanischen Krieg an der Stelle, sobald die
Götter mit ihrem nicht hinterfragbaren Entschlüssen ins Spiel
kommen.

Den Raub der schönen Helena haben wir schon ins Kalkül
einbezogen.

Aber auch diese Entführung hatte ihre Vorgeschichte, ihren
Auslöser. Aphrodite hatte dem armen, ob der blendenden
Schönheit der drei Göttinnen Hera, Athene undAphrodite
etwas verwirrten Paris bei ihrem Sieg in der ersten Schönheits-
königinnenwahl der Weltgeschichte die schönste Frau der Welt
versprochen – und auch gehalten.

Diese Episode wiederum hat ebenfalls ein „Davor".

Es ist die oft zitierte Hochzeit der Meeresgöttin Thetis mit
dem Helden Peleus, aus deren Ehe einer der berühmtesten Gestalten der griechischen Sagenwelt hervorgehen sollte: Achilles.

Zu dieser Hochzeit war alles eingeladen, was olympisch

Rang und Namen hatte. Von Zeus angefangen bis hin zu weniger bedeutsamen Göttern, Halbgöttern, Nymphen und was sonst noch das griechische Pantheon bevölkerte.

Ob die Brüder des Zeus, Poseidon und Hades, ebenfalls den erlauchten Kreis bereicherten, konnte ich aus keiner Anwesenheitsliste entnehmen, es spielt auch für den Fortgang der Geschichte keine wesentliche Rolle.

Die alles auslösende Entscheidung war, dass Zeus der Göttin Eris, zuständig für Zank und Zwietracht, keine Einladung zukommen liess. Es sollte nämlich ein Fest voll Harmonie und Eintracht werden.

Eris sann auf Rache, in ihrem Sinn natürlich.

Sie nahm einen goldenen Apfel und ritzte die provokativen Worte hinein: Der Schönsten.

Mit einem maliziösen Lächeln öffnete sie die Tür des Saales und warf den Apfel unter die Festgemeinde.

Die Folgen dieser Tat waren gewaltig, denn dieser Apfel kullerte direkt an den Tisch, an dem sich Hera, Athene und Aphrodite angeregt unterhielten und die neuesten Klatschgerüchte von Göttern und Sterblichen austauschten. Auch Göttinnen scheinen so einige menschliche Schwächen zu haben.

Oder haben die Menschen diese Eigenarten von ihnen übernommen?

Wer weiss?

Kaum hatte dieses feminine olympische Trio die Inschrift auf dem Apfel gelesen, war es vorbei mit der Harmonie und vor allem der Vorbildlichkeit, was gerade in Anwesenheit von Sterblichen besonders peinlich war.

Jede der drei erhob alleinigen Anspruch auf den Apfel. Die Lautstärke der Damen eskalierte, von den Nachbartischen schaute man schon etwas neugierig, wenn nicht gar indigniert herüber. Auch Zeus blickte darob in diese Richtung, zog die Stirn leicht in Falten und als der Disput einfach kein Ende fand, stellte er sein Glas Ambrosia energisch auf den Tisch und ging zu den streitlustigen Damen hinüber.

Kurz liess er sich den Sachverhalt schildern. Dann hub er an: „Meine Damen, wir sitzen hier unter Sterblichen! Wie können wir fortan Respekt und Verehrung erwarten, wenn ihr euch hier benehmt wie Weiber aus den verlassensten Dörfern des Peloponnes? Ich werde einen wohlgebauten Jüngling aussuchen, der über diese Streitfrage entscheiden soll. Und jetzt gebt bitte Ruhe, wie es sich für unsereins geziemt!"

Wenn Blicke töten könnten! Aber das Trio der olympischen Schönen würdigte sich fortan keines Blickes mehr und setzte sich an andere Tische.

Hier fand also der Trojanische Krieg seinen Beginn, das heisst, an dieser Stelle endet zugleich unsere Suche nach den Ursachen, sonst müssten wir noch das So-Sein und das Überhaupt-Sein der Götter hinterfragen.

Die Kette führt also von der Hochzeit mit dem Apfel der Eris über die Miss-Wahl (obwohl es mir für antike Ereignisse als unziemlich erscheint, Anglizismen zu verwenden, möge man es mir an dieser Stelle nachsehen), das Versprechen der Aphrodite, den Raub der schönen Helena, zur Sammlung der Achaier vor Aulis bis hin zum Beginn des Krieges gegen Troja.

Homer lässt sich über die Hinreise von Odysseus mit den Edlen seiner Insel bis nach Troja mit keinem Wort aus.

Er ist einfach mit den anderen Achaiern da und nimmt zehn Jahre an den Eroberungsversuchen der Griechen bis zum Fall der Stadt teil.

Die Frauen um Odysseus

Emanzipierte Frauen müssten eigentlich stolz auf Odysseus sein – denn die Damenwelt spielt in der Odyssee eine nicht unwesentliche Rolle.

Die Mutter Antikleia tritt nicht so sehr in den Vordergrund. Sie stirbt aus Gram über den vermeintlichen Verlust ihres einzigen Sohnes. Odysseus begegnet ihr später bei seinem Abstieg in den Hades.

Eine viel exponiertere Rolle spielt die Amme Eurykleia, die Odysseus von Kindheit an betreut hat und ihn später nach seiner Ankunft auf Ithaka als erste wiedererkennt.

Was den meisten unbekannt ist: Bevor Odysseus seine Frau Penelope fand, reihte er sich in Schar der Freier um die Schöne Helena ein.

Die Wahl fiel jedoch nicht auf ihn mit seinem kleinen Königreich Ithaka, sondern Menelaos von Sparta machte das Rennen um die schönste Frau der damaligen Welt.

Um ihre Herkunft ranken sich mehrere Geschichten.

Eine besagt, der Göttervater Zeus war wieder einmal auf der Suche nach den Schönen der Welt. Diesmal war Leda die Auserkorene. Da er keine andere Chance sah, sich ihr zu nähern, verwandelte er sich in einen Schwan und verführte die Schöne. Aus dem Schwanenei entsprangen Helena und ihr Bruder Polydeukes.

Ihr Vater Tyndareos – offenbar hatte er die Tochter als seine eigene akzeptiert – entschloss sich, Helena zu verheiraten. Ihre Schönheit hatte sich in ganz Griechenland herumgesprochen und so reisten die Adligen aus ganz Hellas mit grossen Geschenken an. Der Vater war überrascht ob der Menge und wusste, wenn er die Tochter einem gab, würde er es sich mit allen anderen verderben.

Odysseus gab ihm den entscheidenden Tip: Er liess alle Freier einen Eid schwören – und ein Eid galt im alten Hellas noch etwas.

Sie mussten sich verpflichten, Helenas Wahl loyal zu akzeptieren und dem Mann ihrer Wahl, falls er Hilfe bräuchte, diese zu gewähren.

Man sieht, der Trojanische Krieg hat hier schon seine ersten Wurzeln.

Nach dieser Wahl sah sich Odysseus anderweitig um.

Tyndareos hatte eine hübsche Nichte namens Penelope – mit ihr als Frau kehrte Odysseus heim nach Ithaka. Sicher hatte sich Penelope auch nicht träumen lassen, dass sie dereinst als dramatische Figur eines Epos' eine solche Berühmtheit werden würde.

Der Trojanische Krieg ist beendet.

Die erste Frau auf der Rückreise, der Odysseus begegnet, ist Kirke, die Zauberin. In unserem Sprachgebrauch lebt sie in der latinisierten Form als Circe fort, zwar nicht so sehr als Substantiv, aber als Verbum „be-circen".

Die beiden Sirenen, die Homer im Detail nicht näher skizziert und die erst spätere Autoren als Frau-Vogel-Wesen beschreiben, spielen nur ein kurzes Intermezzo.

Die wohl intensivste Zeit der Heimreise verbringt Odysseus bei der schönen Nymphe Kalypso – immerhin sieben Jahre.

Danach – kurz vor der Heimkehr – tritt Nausikaa, die Tochter des Königs Alkinoos auf der Insel Scheria kurz in sein Leben.

Bei allen menschlichen und halbgöttlichen Wesen dürfen wir eine Frauenfigur nicht vergessen, die wie keine zweite helfend und lenkend in sein Leben eingreift – es ist Athene, die kopf-geborene Tochter des Zeus. Sie ist es, die nach sieben Jahren bei Kalypso ein Wort bei ihrem Vater einlegt, damit Odysseus die Insel Ogygia verlassen kann.

Erst nach seiner Heimkehr treten wieder die alte Amme Eurykleia und später dann nach langem skeptischen Beäugen auch seine Frau Penelope (wieder) in sein Leben ein.

Die Insel Ithaka – ein geografisches Intermezzo

Niemand vermag zu sagen, warum es gerade Ithaka, auf neugriechisch Ithaki genannt, sein muss oder ist, das durch die Werke Homers zu einer derartigen Berühmtheit gelangt ist.

Das ist sein Geheimnis.

Ithaka ist eine der kleinen oder kleineren griechischen Inseln. Die Ägäis und auch das Ionische Meer weisen so viele grössere und bedeutendere Inseln auf.

Ist es Bescheidenheit des grossen Dichters oder eine Verlegenheitslösung?

Diese und andere Fragen bleiben für immer ungeklärt.

Auch erscheint die Frage nicht ganz unberechtigt, ob Homer jemals einen Fuss auf diese Insel gesetzt hat. Erstaunlich bleiben immer die oft präzisen örtlichen Beschreibungen. Meistens aber ohne genaue Angabe der geografischen Lage im mediterranen Raum.

Zwar gibt es im Nordwesten der Insel einige alte, zerfallene Gebäude, die die Bezeichnung „Schule des Homer" tragen. Inwieweit hier Wunschdenken mit eingeflossen ist, vermag niemand zu sagen.

So manche antik angehauchte Verklärung hat nichts weiter

als touristische Bedeutung oder sie soll Hobby- und Berufs-Archäologen in diese Gefilde locken.

Aber gönnen wir es den Einwohnern der Insel, dass es noch genügend Neugierige gibt, die die Heimat des Odysseus mit eigenen Augen sehen möchten. Denn nach der Abwanderung vieler Inselgriechen vor dem ersten Weltkrieg und nach dem zweiten Weltkrieg sowie dem verheerenden Erdbeben im Jahr 1953 hat sich die wirtschaftliche Lage der Bewohner nicht gerade zum Besten gewandelt. Die Touristen bringen daher etwas Geld auf die Insel.

Zu viele kommen ohnehin nicht, da die Anreise etwas kompliziert ist.

Man kann Ithaka nur per Fähre von den Nachbarinseln oder mit der Hauptfähre direkt von Patras erreichen. Für einen noch so kleinen Flughafen ist auf der Insel einfach kein Platz.

Ithaka sieht auf der Landkarte wie ein Anhängsel der viel grösseren Insel Kephalonia aus. Mit etwas Phantasie schaut es aus, als beherberge die Insel Kephalonia das kleinere Insel Ithaka in sich wie eine schützende Gebärmutter.

Überhaupt hat Ithaka, so weit ich mich entsinnen kann, die merkwürdigste Form aller griechischen Inseln.

Der Südteil mit dem Hauptort Vathi ist nur durch einen schmalen Isthmus (von sechshundert Metern Breite an seiner schmalsten Stelle) vom Nordteil getrennt.

Dadurch wirkt die Insel so zerbrechlich, als könnte der nächste Sturm oder ein erneutes Erdbeben die Insel in zwei Teile zerbrechen lassen.

Das wollen wir aber den Einheimischen nicht wünschen.

Könnte das vielleicht der Grund sein, dass Homer, motiviert durch Erzählungen von Reisenden, dieses Eiland wegen seine r merkwürdigen Form als Ausgangspunkt und vor allem als Ziel f ür seinen Helden gewählt hat. Denn schliesslich ist Ithaka doch um einiges weiter als der Peloponnes oder die Inseln der Ägäis, die doch viel näher an Troja lägen.

Sicht auf die Hauptbucht von Ithaka. Hauptort Vathi

Ist es eventuell ein Symbol, dass aus einer Zweiheit, einem Getrenntsein eine Einheit wird, werden oder bleiben soll.

Stellt der schmale Isthmus eine Metapher für die zarten Bande da, die auf der einen Seite Norden und Süden zu einer Einheit verbinden, auf der anderen Seite die über zwanzig Jahre bestehenden sehnsuchtsvollen, nicht abreissenden, noch in der Ferne wirkenden Beziehungen zwischen Odysseus und Penelope darstellen?

Ist somit die Odyssee mehr als nur eine Abenteuer-Reise, wie es viele sehen?

34

Könnte man Homer somit für die damalige, so weit zurückliegende Zeit einen psychologischen Hintergrund für sein Epos unterstellen?

Die Beschreibung eines Weges, ein Gleichnis für den Weg des Menschen schlechthin.

Man kann dazu nur Vermutungen anstellen.

Gibt es nun Stätten auf Ithaka, die einen historischen Bezug zum homerischen Inselherrscher Odysseus aufweisen können?

Homer lässt seine Hauptfigur folgendes erzählen:

Ithakas sonnige Höhen sind meine Heimat; in dieser
Türmet sich Neritons Haupt mit rauschenden Wipfeln und
* ringsum,*
Dicht aneinander gesät, sind viele bevölkerte Inseln,
Same, Dulichion und die waldbewachsne Zakynthos.
......
Rauh ist diese, doch nähret sie rüstige Männer; und wahr-
lich,
süsser als Vaterland ist nichts auf Erden zu finden.
Odyssee, 9. Gesang, Vers 21 – 28

Über die Stätte, wo sich der Palast des Odysseus befunden haben könnte, gibt es verschiedene Ansichten.

Nach seiner triumphalen Grabung bei Troja kam Heinrich Schliemann auf die Insel und wollte, mit der Odyssee in der Hand, seinem Erfolg noch ein Krone aufsetzen.

Aber seine Grabungen in der Nähe des Berges Aetós verliefen ohne Ergebnis.

Andere wiederum vermuten den Palast in der Nähe von Stavrós auf der Nordhalbinsel. Vom kleinen, in der Nähe gelegenen

Häfchen Polis soll die Flotte des Königs zum Trojanischen Krieg aufgebrochen sein. In Stavrós steht auch das Denkmal des Odysseus zusammen mit einer Karte des Mittelmeers, auf der die Reisen des Helden aufgemalt sind, so wie es sich manche vorstellen.

Der deutsche Archäologe Wilhelm Dörpfeld würde die Heimat Odysseus' lieber auf der Insel Lefkas sehen – aber das sind archäologische Zwistigkeiten, die im Grunde für dieses Buch völlig belanglos sind.

Eine weitere mythologische, in die Jetztzeit projizierte Stätte ist die Gegend, in der der treue Hirte Eumaios seine Schweine gehütet haben soll: Sie liegt südlich des Städtchens Vathi. Gleich in der Nähe befindet sich die nach einer Quellennymphe benannte Arethusa-Quelle, an der Eumaios angeblich seine Schweine getränkt hat. Besucht man die Quelle, die man auf einem schmalen, bergab führenden Pfad erreichen kann, so wird man etwas nachdenklich, wie wohl der Hirte seine Tiere an dieser so tief liegenden und nicht einfach zu erreichenden Stelle getränkt haben soll.

Nach zwanzig Jahren kehrte Odysseus heim auf seine Insel.

Aber er hat die Ankunft verschlafen. Die Phäaken, als tüchtige Seeleute gerühmt, legten ihn einfach schlafend-erschöpft am Strand der Phorkys-Bucht ab, die heute den Namen Dexiá-Bucht trägt. Als Odysseus aufwachte, erkannte er seine Insel nicht wieder.

Homer beschreibt es wie folgt (Übesetzung Johann Heinrich Voss):

Phorkys, dem Greisen des Meers, ist eine der Buchten geheiligt,

Gegen der Ithaker Stadt, wo zwo vorragende schroffe
Felsenspitzen der Reede sich an der Mündung begegnen.
Diese zwingen die Flut, die der Sturm laut brausend heranw
älzt,
Draussen zurück; inwendig am stillen Ufer des Hafens
Ruhn unangebunden die schöngebordeten Schiffe.
Oben grünt am Gestad ein weitumschattender Ölbaum.
Odyssee, 13. Gesang, Vers 96 – 102

Um ausnahmsweise dem Leser eine etwas andere Übersetzung anzubieten, hier die gleichen Verse aus der Reclam Aus-
gabe (Übersetzung von Roland Hampe):

Im Gebiete von Ithaka ist ein Hafen des Phorkys,
Jenes Alten vom Meere; zwei schroffe Felsen sind in ihm,
Steil abbrechende Küsten, jedoch nach dem Hafen sich senk
end;
Die nun halten die grosse Woge der widrigen Winde
Draussen zurück; im Inneren ruhen die gutüberdeckten
Schiffe unangebunden, wenn einer die Landung erreicht hat.
Doch an des Hafens Kopf ist ein blätterbreitender Ölbaum
...

Niemand weiss, wo sich eigentlich die Insel der Phäaken mit
der Königstochter Nausikaa befand. Auf jeden Fall erscheint
es unwahrscheinlich, wenn man sich die Karte anschaut, egal
wo deren Heimatinsel lag, dass die phäakischen Seeleute den
langen Weg bis in die weite Bucht des Golfes von Molos in
Richtung Vathi gewählt haben sollten und nicht Odysseus am
nächstbesten erreichbaren Strand deponiert haben.

Die Nymphengrotte, in der Homer die zahlreichen Gastgeschenke des Phäaken-Königs Alkinoos versteckt haben soll, ist bei unseren Besuchen leider nicht zugänglich gewesen. Man konnte nur einen Blick von aussen hineinwerfen.

So geht es gleich nach dem Ölbaum weiter (Übersetzung J. H. Voss):

Eine Grotte, nicht fern von dem Ölbaum, lieblich und dunkel,
Ist den Nymphen geweiht, die man Naiaden benennet.
Steinerne Krüge stehn und zweihenkelte Urnen
Innerhalb und Bienen bereiten drinnen ihren Honig.
Aber die Nymphen weben auf langen steinernen Stühlen
Feiergewande, mit Purpur gefärbt, ein Wunder zu schauen.
Unversiegende Quellen durchströmen sie. Zwo sind der Pfor-
ten.
Eine gen Mitternacht, durch welche die Menschen hinabge-
hen
Mittagwärts die andere geheiligte: diese durchwandelt
Nie ein sterblicher Mensch: sie ist der Unsterblichen Ein-
gang.
Odyssee, 13. Gesang, Vers 103 – 112

Noch immer sind Archäologen-Teams auf der Insel beschäftigt. Ob ihnen ein Zeugnis des grossen homerischen Helden in die Hände fallen wird oder ein Beweis für seine tatsächliche Anwesenheit auf dieser Insel erbracht werden kann, mag angezweifelt werden.

Ein einziges Zeugnis aus vorchristlicher Zeit findet man im kleinen Museum im Örtchen Pelikáta in der Nähe von Stavrós. Es ist das Fragment einer tönernen Frauenmaske mit altgriechischer Aufschrift.

ΕΥΧΗΝ ΟΔΥΣΣΕΙ. Übersetzt heisst es „dem Odysseus geweiht". Es besagt aber nur, dass zur damaligen Zeit bereits eine
Identifikation der Einwohner mit dem homerischen Dichtwerk
und seinem Helden stattfand. Ein Beweis für seine Anwesenheit oder gar Heimat ist es nicht.

An diesem Morgen sind wir um kurz nach neun Uhr die ersten Besucher und so hat Fotini, die Wärterin des Museums
Zeit, sich uns zu widmen.

Mit viel Liebe und Hingabe erklärt sie uns die wenigen Vi-
trinen. Neben der Odysseus-Scherbe sind es besonders einige
Ausstellungsstücke, die beeindruckend sind: Tränen-Gefässe,
in denen die Tränen der Hinterbliebenen und Trauernden ge-
sammelt wurden und dem Verstorbenen als Grabbeigabe mit
auf den Weg gegeben wurden.

Wahrlich, eine originelle Idee – besser als Blumen und
Kränze auf einem Grab.

Fotini ist in Südafrika geboren und vor vierzig Jahren in ihre
Heimat zurückgekehrt. Sie hat noch eine zweite Aufgabe:
Wenn irgendwo auf der Insel gebaut wird, überwacht sie, ob
eventuell archäologische Funde zu Tage treten. Dann ist das
Museum vorübergehend geschlossen.

Natürlich hat sich die Odyssee in verschiedenen Institutionen
der Insel niedergeschlagen. Gleich am kleinen Fährhafen von
Frikes grüsst eine Taverne mit dem Namen Penelope (die heutigen Griechen sagen Penelopi), in Stavrós trägt eine hübsche
Taverne sogar den Namen Polyphemos und im Hauptort heisst
das grösste Hotel Mentor. Die junge hübsche Griechin Barbara
am Empfang stellt sich sogar für ein Photo als wartende, auf
das Meer schauende Penelope zur Verfügung.

Aber wie dem auch sei: Der Name der Insel ist Anreiz genug,

um ihr einen Besuch abzustatten.

Denn mythen-, geschichts- und gesichtslose Inseln gibt es auf der Welt zur Genüge.

Am Strand der Insel Ogygia – die Heimat der Kalypso

Dieses Kapitel entstand auf der Insel Naxos. Südlich der Hauptstadt Chora erstreckt sich an der Westküste ein kilometerlanger herrlicher Sandstrand. Im Unterschied zu anderen derartigen reizvollen Stränden findet man hier am Plaka-Strand nur wenige Häuser, kaum Hotels und ebenso wenige andere Menschen.

Im Westen schaut die Nachbarinsel Paros herüber. Dieser Strand lädt besonders am frühen Morgen und am späten Nachmittag zu ausgedehnten Wanderungen ein. Ungestört kann man seinen Gedanken nachgehen.

Das ewige Rauschen des Meeres, die sich am Strand brechenden Schaumwellen sind wie geschaffen, um seinen Träumen und seiner Phantasie, die sich gerade mit den Irrfahrten des Odysseus befassen, freien Lauf zu lassen.

Plötzlich verschwindet drüben das schattige Bild der Insel Paros, ein weiter Horizont breitet sich aus.

Ein neues Bild taucht erst verschwommen, dann klarer auf.

Am Ufer sitzt er.

Eine muskulöse Gestalt, die Haut von Sonne und Salz gegerbt. Das Haar und auch der Bart zeigen schon ob der vielen Strapazen einige graue Strähnen und es ist wohl nur den Pflegekünsten Kalypsos zu danken, dass unser Held noch nicht ganz ergraut ist.

Sein Blick geht gedankenverloren hinaus aufs Meer und man hat das Gefühl, als ob er nicht wahrnimmt, was um ihn herum vorgeht.

Kaum bemerkt er, dass ich mich zu ihm setze.

„Edler Odysseus" so versuche ich mit ihm ins Gespräch zu kommen, „ich habe lange sehnsüchtig nach dir gesucht und freue mich, dich hier zu finden"

Es dauert ein wenig, bis er mir den Blick zuwendet.

Ein Hauch Traurigkeit schimmert in seinem markanten Gesicht und wenn man ganz genau hinschaut, könnte man sogar noch eingetrocknete Tränen auf den Wangen vermuten.

„Edler Odysseus", so hub ich erneut an, „du lebst auf einer wunderschönen Insel, du hast eine ebenso wunderschöne Gefährtin und es mangelt dir eigentlich an nichts – und trotzdem schaut dein Auge etwas unglücklich hinaus auf die Weiten des Meeres".

„Schon mehr als sechsmal hat sich ein Jahr vollendet", so begann er, „doch weder spürte ich Sommer und Winter wie auf meiner Insel Ithaka. Mein Leben rinnt dahin wie ein Bach, der ins Meer fliesst, und keine Pflicht harret meiner. So sitze ich hier tagtäglich am Ufer und schaue hinaus in der Hoffnung, ein mitleidvoller Gott erbarmet sich meiner und führt mich wieder heim zu meinem Sohn Telemachos, den ich nur als Säugling in seinen Windeln sah, und zu meiner angetrauten Penelope".

„Ist dir denn die göttliche Kalypso nicht Ersatz für alles was du vermisst?" so wand ich ein.

„Gewiss, gewiss, ich bin ihr ewigen Dank schuldig, denn sie, die schöngelockte, war es, die mich huldreich aufnahm, als ich neun Tage nach dem Verlassen der Insel Thrinakia durch das Strafen des Göttervaters verzweifelt im Meer herumtrieb und schliesslich an den Gestaden Ogygias mehr tot als lebendig strandete. Sie war es, die mich ernährte, salbte, pflegte und

41

mich wieder ins Leben zurückrief".

„Aber", so versuchte ich erneut das Gespräch fortzusetzen „ist sie dir nicht eine überaus liebevolle Gefährtin, sorgt für dein leibliches Wohl, kredenzt dir vorzüglichen Wein und ruht des Nachts in ihrer Grotte gefühlvoll an deiner Seite?"

„So mag es für einen Menschen wie dich wohl als Paradies auf Erden erscheinen. Aber schon lange gefällt mir die göttliche Nymphe nicht mehr und ich verzehre mich vor Sehnsucht nach meinen Daheimgebliebenen. Es gibt in eurer Sprache das geflügelte Wort: Nichts ist schwerer zu ertragen als eine Reihe von schönen Tagen. Bedenke, Fremder, dass es bei mir schon Jahre sind und nicht nur Tage, die ich hier auf dieser Insel verbringe".

„Doch", diese Frage konnte ich nicht unterdrücken „muss es für dich nicht reizvoll und verlockend sein, an ihrer Seite Unsterblichkeit zu erlangen, die sie dir ja von Zeus erbitten will?".

„Was nützt mir ewige Jugend und Unsterblichkeit? Der Mensch hier auf Erden ist nicht dafür geschaffen, im Nichtstun aufzugehen. Es scheint sich für Sterbliche nicht zu geziemen, in die Wohnungen der Götter zu wechseln. Er ist ein Teil der Endlichkeit. Ich möchte zurück in den ewigen Kreislauf des Entstehens und Vergehens und zusammen mit meiner geliebten Penelope alt werden. Die Möglichkeit, am Lebensende in den dunklen Gefilden des Hades zu landen, macht mir keine Angst mehr. Die Heimkehr nach Ithaka ist der Sinn meines Lebens, es ist mein Lebensziel, dort für meine Lieben zu sorgen, solange mir die Götter die Lebenskraft schenken. Jeder Mensch braucht einen Anstoss zum Aufbrechen, in seinem Leben Gefahren zu meistern, um irgendwann sein Lebensziel zu erreichen.

Ich brauche eine Aufgabe. Hier fühle ich mich", dabei ver-
finsterte sich sein Gesicht ein wenig „auf Dauer ohne Nutzen
und regelrecht überflüssig. Herumsitzen war noch nie mein
Metier".

Ja, was machen Götter eigentlich so den ganzen Tag, schoss
es mir durch den Kopf? Womit beschäftigt sich beispielsweise
Hera auf dem Olymp tagaus, tagein?

Bei der Nymphe Kalypso gibt Homer uns eine Antwort. Sie
spinnt mit goldenem Schiffchen ein schönes Gewebe. Dabei
singt sie mit melodischer Stimme. Auch für wohltuende Düfte
ist von ihr gesorgt. Vor ihr brennt auf dem Herd ein grosses
Feuer und durch die Grotte wallt der liebliche Duft vom Holz
der Zeder und des Zitronenbaums.

Bei Zeus braucht man sich diese Frage nicht stellen. Er
brauchte weder ein Zeiss-Fernglas noch einen Computer, auf
dem Google Earth installiert war. Mit seinen Adleraugen
durchforstete er die Welt vom Olymp aus, immer auf der Suche
nach einer Schönen, mit der er anbandeln konnte. Zum Leidwesen von Hera, aber es dürfte doch wohl nicht ihre einzige
Aufgabe gewesen sein, den Göttervater ständig von seinen
amourösen Eskapaden abzuhalten.

Die noch tiefstehende Morgensonne warf plötzlich einen
Schatten auf uns beide. Ich wandte den Blick zurück und sah
sie, Kalypso, die schöngelockte mit den strahlend blauen
Augen. Welch eine himmlische Erscheinung, selbst Aphrodite
könnte da eifersüchtig werden!

Eine leichte senkrechte Stirnfalte schien anzudeuten, dass ihr
meine Anwesenheit nicht behagte. Sie liess mir nicht allzu viel
Zeit, um sie genauer zu betrachten.

Ein Schnipsen mit ihren göttlichen Fingern – und urplötzlich verschwanden die Bilder so wie sie gekommen waren.

Das Meer brandete wie zuvor an den langen Sandstrand und drüben auf der anderen Seite war kein endloser Horizont mehr zu sehen, sondern die Insel Paros zeigte sich wieder als längliche Kontur.

Nun sind wir aber gerade auf der Insel Ogygia – dann bleiben wir gleich auf diesem Eiland, denn im Fünften Gesang tritt uns Odysseus das erstemal persönlich entgegen, nachdem in den ersten vier Gesängen nur von ihm die Rede war.

Homer beschreibt uns die Umgebung der Grotte mit farbigen Worten:

Rings um die Grotte wuchs ein Hain voll grünender Bäume,
Pappelweiden und Erlen und düftereicher Zypressen.
Unter dem Laub wohnten die breitgefiederten Vögel,
Eulen und Habichte und breitzügichte Wasserkrähen,
Welche die Küste des Meers mit gierigem Blicke bestreifen.
Um die gewölbete Grotte des Felsens breitet' ein Weinstock
Seine schattenden Ranken, behängt mit purpurnen Trauben.
Und vier Quellen ergossen ihr silberblinkendes Wasser,
Eine nahe der anderen, und schlängelten hierhin und dorthin,
Wiesen grünten umher, mit Klee bewachsen und Eppich.
Selbst ein unsterblicher Gott verweilete, wann er vorbeiging,
Voll Verwunderung dort und freute sich herzlich des Anblicks.
Odyssee, 5. Gesang, Vers 62 – 74

Man könnte fast meinen, die Bibel hätte sich bei der Beschreibung des Paradieses an die homerischen Verse angelehnt.

Viele Menschen sehnen sich nach solchen Zuständen, doch

Odysseus mag die göttliche Nymphe nicht mehr.

Sieben Jahre – immerhin eine symbolische Zahl – sind genug.

Seine innigsten Wünsche werden von Athene, die ihm sehr zugetan ist, erhört und sie trägt die Leiden ihres Helden dem Wolkenversammler Zeus und den anderen Göttern vor.

„Ihr lieben Mit-Olympier, niemand erinnert sich an den göttergleichen (Originalton J.H. Voss) Odysseus. Habt ihr ihn denn wirklich völlig vergessen? Die Nymphe Kalypso hält ihn mit Gewalt und vergeblich wünscht er heimzukehren. Vater Zeus, erbarme dich seiner und verhilf ihm zur baldigen Rückkehr, denn Schlimmes bahnt sich an seinem Hofe an. Über hundert Freier aus Ithaka und den umliegenden Inseln bedrängen Penelope zu erneuter Heirat, sie planen sogar seinen einzigen Sohn Telemachos zu ermorden. Aber Odysseus hat kein Schiff mehr für die Heimkehr".

Und der grosse Wolkenversammler und Blitzeschleuderer hatte ein Einsehen.

Es gab noch keine Mobiltelefone zur direkten Verbindung – daher musste der geflügelte Götterbote Hermes auf die Reise geschickt werden.

Also sprach Zeus zu ihm:

„Hermes, meiner Gebote Verkünder, melde der Nymphe
Mit schönwallenden Locken der Götter heiligen Ratschluss
Über den leidengeübten Odysseus. Er kehre von dannen
Ohne der Götter Geleit und ohne der sterblichen Menschen!
Einsam in vielgebundenem Floss, von Schrecken umstürmet,
Komm er am zwanzigsten Tage zu Scherias fruchtbaren Auen,
In das glückliche Land der götternahen Phaiaken"

Odyssee, 5. Gesang, Vers 30 – 36

Hermes folgt aufs Wort und bindet sich die goldenen Sandalen unter die Füsse, die ihm das Schweben über Land und Wasser ermöglichen. Grazil und leicht wie eine Möwe saust er über die Wellenkämme und landet an den Gestaden der Insel Ogygia. Sogleich macht er sich auf zur Grotte der Nymphe mit den schön wallenden Locken, die er auch zu Hause antrifft.

Selbst ein Gott kann sich noch wundern ob irdischer Schönheit der Natur und so schaut Hermes erst einmal begeistert in die Runde, bevor er in die Grotte eintritt.

Kalypso, mit Handarbeit beschäftigt und ein Liedchen auf den Lippen, unterbrach sogleich ihre Tätigkeit. Sie erkannte sofort den Gott mit dem Flügelhelm und ihr schwante nichts Gutes. Denn bislang hatte man auf dem Olymp kaum Notiz von ihr genommen – und schliesslich war sie ja nicht irgendjemand, sondern immerhin die Tochter des Titanen Atlas, der sich tagaus tagein mit den Säulen des Himmelsgewölbes abplagte, die ihm nur Herakles nur einmal kurz abnahm.

Aber erst einmal tischte sie dem Götterboten auf: Ambrosia und Nektar standen auf der schön gedeckten Tafel. Schliesslich wusste auch Kalypso: Mit einem hungrigen Partner lässt sich nicht so gut verhandeln.

Nachdem Hermes seine Seele gelabt hat und sich mit der handgewebten Serviette den Mund abgewischt hat, kommt er zur Sache. Man sieht, auch Götter haben eine Seele, so die Übersetzung Voss, eine andere Übersetzung spricht von: Das Herz gestärkt.

Hermes gesteht, vorsichtig beginnend, dass er nur ungern auf diese Reise ging, denn ringsum scheint Wasserwüste und Menschenleere zu sein.

Niemand opfert hier den Göttern. Aber wer kann sich gegen den Willen des Göttervaters zur Wehr setzen!

„Der Unglückseligste aller Achaier, vom Sturm an den Strand gespült, weilt seit sieben Jahren auf deiner Insel, allein, nachdem all seine Gefährten gefallen oder ertrunken sind. Nunmehr ist Zeus der Meinung, dass es nicht sein Schicksal sei, hier fern von den Seinen zu sterben, sondern seine Heimat wieder zu sehen."

Kalypso erschrak ob der Botschaft. Sie hatte den Gestrandeten lieb gewonnen und dachte an eine gemeinsame Zukunft in ewiger Jugend, die sie vom obersten Olympier noch beantragen wollte. Doch halt: Eigentlich ist beantragen ein Wort, das einmal nicht in die griechische Seele passt und zum zweiten nach Behörde und Formularen klingt. Zum Glück gab es auf dem Olymp noch keine Beamten. Daher ersetzen wir das Wort beantragen stilgerecht durch „Erbitten".

Aber so schnell gedachte sie nicht aufzugeben, ohne dem Hermes ein paar Vorhaltungen mit auf den Weg zu geben. Hier ihre „geflügelten" Worte

Grausam seid ihr vor allen und neidischen Herzens, o Götter!
Jeglicher Göttin verargt ihr die öffentliche Vermählung
Mit dem sterblichen Manne, den sie zum Gatten erkoren.
Odyssee, 5. Gesang, Vers 118 – 120

Als Beispiele führt sie noch die Göttin der Morgenröte Eos und die Fruchtbarkeitsgöttin Demeter an. Auch denen gönnten die Götter nicht die sterblichen Partner. Aber so ganz stimmt

47

dies auch wiederum nicht, denn die rosenfingrige Eos, wie Homer sie immer poetisch nennt, die morgens vor dem Sonnenwagen über die Länder zieht, hatte einmal ein etwas unglücklich endendes längeres Verhältnis mit dem Jüngling Tithonos – aber das wiederum ist eine eigene längere Geschichte. Und bei der Hochzeit der Thetis mit Peleus waren die Götter sogar Gäste.

Und schliesslich – um zu Kalypso zurückzukehren - hat sie sich ja um Odysseus wahrlich verdient gemacht. Denn sie war es, die den Halbohnmächtigen am Strand auflas, ihn aufpäppelte und in ihre Arme nahm.

Was kann eine liebende Frau für einen Mann denn noch mehr tun? Und nun sollen vor den Augen der Olympier diese sieben Jahre völlig umsonst gewesen sein!

Doch sie weiss, gegen den Willen von Zeus gibt es keine Widerworte und sie fügt sich in ihr Schicksal.

Jedoch einige Einschränkungen schickt sie gleich hinterher: Mit einem Schiff und mit Ruderern kann sie ihm nicht dienen. Wenn schon nicht mit Taten, so will sie Odysseus, um den guten Willen zu zeigen, wenigstens mit Rat zur Seite stehen.

Hermes verlässt die Insel, ohne aber nicht noch einmal eindringlich auf die Worte von Zeus hinzuweisen. Niemand möge sich dem Zorn des Olympiers aussetzen, wenn man seine Befehle nicht befolgt.

Und jetzt kommt die herzerweichende Szene: Kalypso eilt zum Strand und findet Odysseus dort traurig sitzen

Dieser sass am Gestade des Meeres, und weinte beständig
Ach! In Tränen zerrann sein süsses Leben, voll Sehnsucht
Heimzukehren ...

48

Odyssee, 5. Gesang, Vers 151 – 153

Die Nächte ruht er an der Seite der schöngelockten Göttin, so als Pflichtübung könnte man boshaft sagen.

Und um das Mass der Trauer voll zu machen, geht es in ein paar Zeilen weiter

Aber des Tages sass er auf Felsen und sandigen Hügeln,
Und zerquälte sein Herz mit Weinen und Seufzen und Jam-m
ern,
Und durchschaute mit Tränen die grosse Wüste des Meeres.
Odyssee, 5. Gesang, Vers 156 – 158

Tröstend fährt ihm Kalypso übers Haar und verkündet ihm den Willen der Götter. Helfen will sie ihm beim Bau eines Flosses und ihn mit Wasser, Wein und Nahrung hinaus aufs Meer in Richtung Heimat schicken.

Fürsorglich denkt sie auch an warme Kleider und sogar für günstigen Wind will sie sorgen.

Doch Odysseus misstraut ihr. Wie sollte er mit einem Floss die mächtigen Wellen durchkreuzen, die schon einem rüstigen Schiff Schwierigkeiten bereiten? Wenn sie ihn schon nicht halten kann, will sie ihn dann in sein Verderben schicken?

Nimmer besteig ich den Floss ohne deinen Willen, o Göttin,
Du willfahrest mir denn, mit hohem Schwur zu geloben,
Dass du bei dir nichts anderes zu meinem Verderben be-
schliessest!
Odyssee, 5. Gesang, Vers 177 – 179

Nun wird es dramatisch, denn Kalypso hat kein Herz aus Eisen, sondern alles tut sie aus Mitleid. So schwört sie bei dem Anblick von Erde und Himmel, ja sogar bei den heiligen Wassern des Styx, bei dem die unsterblichen Götter ebenfalls schwören, dass sie nichts Böses im Schilde führe.

Jetzt folgen einige der schönsten und rührendsten Szenen des Aufenthaltes auf Ogygia.

Kalypso und Odysseus gehen einträchtig zurück zur Grotte. Mit Speisen und Getränken verwöhnt sie den Helden – Homer schreibt: Was sterbliche Männer geniessen.

Nach dem Essen muss Kalypso all das loswerden, was sie so bedrückt.

Dabei wirft sie all ihre Vorteile, trotz der Anordnung von Zeus, noch einmal in die Waagschale. Es ist wie ein letzter Strohhalm, an den sie sich klammert, um den Gefährten nach sieben Jahren trauter Gemeinsamkeit nicht so einfach zu verlieren.

Lassen wir Homer der Eindrucksfülle halber am besten selbst sprechen

Also willst du mich nun so bald verlassen und wieder
In dein geliebtes Vaterland gehen? Nun Glück auf die Reise!
Aber wüsste dein Herz, wie viele Leiden das Schicksal
Dir zu dulden bestimmt, bevor du zur Heimat gelangst,
gerne würdest du bleiben, mit mir die Grotte bewohnen
Und ein Unsterblicher sein: wie sehr du auch wünschest,
die Gattin
Wiederzusehn, nach welcher du stets so herzlich dich
sehnest!

Und jetzt spricht die etwas beleidigte, oder sollen wir sagen, die verschmähte und in ihrer Eitelkeit gekränkte Geliebte weiter

Glauben darf ich doch wohl, dass ich nicht schlechter als sie bin,
Weder an Wuchs noch Bildung! Wie könnten sterbliche Weiber
Mit unsterblichen sich an Gestalt und Schönheit vergleichen!
Odyssee, 5. Gesang, Vers 203 – 212

Das ist das schöne an der griechischen Mythologie und ihren Göttergestalten: Sie, die Götter und götterähnlichen Wesen, haben so viele menschliche, ja sagen wir ruhig allzumenschliche Züge und Schwächen.
Wie man sieht, ist auch die Eitelkeit eine ihrer nicht wegzudiskutierenden Eigenschaften.
Jetzt muss Odysseus ganz diplomatisch sein, um die Nymphe nicht zu kränken und sich einen guten Abgang zu verschaffen.
Und in der Tat, ihm, dem Talentierten, fallen wieder die richtigen Worte ein. Noch einmal der Aussagekraft halber im Urtext

Zürne mir darum nicht, ehrwürdige Göttin. Ich weiss es
Selbst zu gut, wie sehr der klugen Penelopeia
Reiz vor deiner Gestalt und erhabenen Grösse verschwindet;
Denn sie ist nur sterblich, und dich schmückt ewige Jugend.
Aber ich wünsche dennoch und sehne mich täglich von Herzen,
Wieder nach Hause zu gehen und zu schaun den Tag der Zurückkunft.
Odyssee, 5. Gesang, Vers 214 – 219

Homer war ein vorausschauender Mann und würde sich heute in den Zeiten des Jugendwahns bestätigt fühlen.

So viele Menschen möchten mit allen möglichen Tricks dem Tod ein Schnippchen schlagen. Und weiter könnte man sich fragen: Hätten die meisten sich ebenso wie Odysseus entschieden?

Ein Satiriker und Aphoristiker hat einmal den treffenden Satz geäussert:

So viele Menschen sehnen sich nach Unsterblichkeit und wissen aber nicht einmal, wie sie einen verregneten Sonntag Nachmittag verbringen sollen.

Homer hätte sicher seine stille Freude an diesem Satz gehabt.

Nach einer letzten gemeinsamen Liebesnacht macht sich Odysseus am nächsten Morgen an die Arbeit.

Mit einer olivenholzstieligen Axt, die ihm Kalypso schenkte, fällte er altersbedingte verdorrte Pappeln, Erlen und wolkenberührende (so Homer) Tannen für ein Floss.

Vier Tage schuftet Odysseus im Schweisse seines Angesichts.

Dann verabscheidet sich Kalypso von ihm, bringt ihm noch Wegzehrung: Einen Schlauch, gefüllt mit Wein und einen grossen voll Wasser sowie einen Korb voll herzerfreuender (so Homer) Speisen.

Als letzte Gunst schickt ihm Kalypso noch ein lindes Lüftchen, das das Segel aufblähte und das Floss hinaus aufs weite Meer trieb.

Die Insel Ogygia muss ziemlich weit von jeglicher anderer Insel gelegen haben, denn siebzehn Tage treibt Odysseus über die Wellen bis er am achtzehnten Tag endlich die schattigen Berge der phaiakischen Insel Scheria erspäht.

So einfach sollte der Rest der Reise aber nicht werden. Dies soll im Kapitel über die Insel der Phaiaken näher beleuchtet werden.

Man wird sich fragen, warum gerade die Insel der Kalypso und der Aufenthalt des Odysseus gerade auf dieser Insel so ausführlich beschrieben wurde.

Das hat mehrere Gründe.

Zum einen ist es die längste Zeit auf der Rückfahrt des Frontheimkehrers – sieben Jahre sind im Leben eines Menschen wahrlich eine lange Zeit.

Weiterhin ist es die erste Station der Rückreise, die Odysseus ohne irgendeinen Gefährten verleben muss, denn die sind längst in den Fluten des Meeres versunken.

Und zu guter Letzt ist es die härteste psychologische Nagelprobe für unseren Helden. Hier muss er sich entscheiden: Entweder für immer in den Armen der göttlichen Nymphe weiterzuleben mit der Aussicht auf Unsterblichkeit oder in den ewigen Kreislauf des Lebens mit der wenig verlockenden Aussicht auf Vergänglichkeit an der Seite seiner Gattin Penelope zurückzukehren.

Keine Frage, Odysseus steht vor einer unglaublich schweren Gewissensentscheidung.

Aber Homer hat bereits erzählerisch die Weichen für den Fortgang der Geschichte gestellt.

Die Heimreise des Odysseus – Zahlensymbolik

Zahlen haben offenbar schon in alten Zeiten eine grosse Bedeutung gehabt. Wer sich mit der griechischen Mythologie und der Dichtkunst beschäftigt, wird immer wieder darauf stossen. Die wichtigsten Zahlen der Odyssee sind die Zahlen Sieben,

Neun, Zehn und Zwölf.

Beginnen wir mit der Zehn.

Niemand hätte erwartet, dass der Trojanische Krieg bei der Übermacht der Achaier ganze zehn Jahre dauern würde.

Aber Homer lässt den Kampf zehn Jahre dauern, denn mit der zehn ist ein Zustand, eine Entwicklung abgeschlossen und etwas Neues kann mit der zweiten Dekade beginnen.

Ebenso dauert die Rückreise des Odysseus noch einmal zehn Jahre.

Zweimal zehn Jahre also. Die ersten zehn, um die Möglichkeit einer Weiterentwicklung anzubahnen, die zweiten zehn, um die Entwicklung und Reifung zu beenden.

Die zweiten zehn Jahre könnte man durchaus – ohne diese in heutiger Zeit allzu oft benutzte Sentenz überzustrapazieren – wie folgt bezeichnen:

Der Weg ist das Ziel. Das Gedicht von Kavafis am Anfang des Buches spricht es auf seine Weise aus.

In unserer Religionstradition haben wir die Zehn Gebote.

Der Aufenthalt bei der Nymphe Kalypso, der wohl wie kein zweiter die entscheidende Wende in der Heimreise des Odysseus darstellt, da nunmehr der Göttervater auf die Bitte von Athene in das Geschehen eingreift bzw. eingreifen lässt, dauert sieben Jahre.

Neun Tage ist Odysseus oft auf dem Meer.

Die Zahl Zwölf ist die von den alten Griechen über die Evangelien bis heute die wohl gebräuchlichste und symbolbeladenste Zahl.

In den alten Mythen scheint die Zahl Zwölf eine Art Ganzheit darzustellen.

Zwölf Götter finden wir auf dem Olymp, Herakles muss

zwölf Arbeiten auf sich nehmen, Odysseus erlebt zwölf Stationen auf seiner Heimreise gen Ithaka.

Er startet von Troja mit zwölf Schiffen. In jedem Boot sitzen zu Beginn vierundzwanzig Ruderer, also eine Verdoppelung der Zahl Zwölf.

An dieser Stelle ist natürlich ein kritischer Einwand berechtigt, der das Epos als Erzählung und nicht als wahre Geschichte zeigt. Denn das kleine Ithaka dürfte kaum so viele wehrhafte Mannen gehabt haben, zumal durch die Kampfhandlungen vor Troja die ursprüngliche Truppe dezimiert worden sein dürfte. Aber solch symbolträchtige Zahlen machen immer Eindruck.

Am Ende der Geschichte ist es Odysseus, der seinen Pfeil durch zwölf Axtköpfe zielt und so das Ende der Freier einläutet.

Auch unsere spätere Zeit ist der Zwölfer-Symbolik keineswegs abhold.

Man denke an die zwölf Jünger Jesu.

Das Jahr hat zwölf Monate und auch der Tagesablauf besteht aus zwei mal zwölf Stunden. Und auch die Unterteilungen der Stunden und Minuten sind jeweils ein Vielfaches von Zwölf.

So besehen erleben wir in Homer einen frühen Poeten um das achte Jahrhundert vor Christi, der in seine beiden gewaltigen Epen auch die Zahlensymbolik hineinkomponiert hat.

Die zwölf Stationen der Reise des Helden

Insgesamt sind es zwölf Aufgaben, die auf Odysseus warten. Es ist jedoch nicht so, dass diese nahtlos ineinander übergehen, sondern dazwischen liegt immer eine Reise über jenes Element, das Poseidon, dem Bruder von Zeus, untersteht: Das Meer.

* Die Kikonen
* Die Lotosesser
* Die Kyklopen
* Aiolus
* Die Laestrygonen
* Kirke
* Der Hades
* Die Sirenen
* Skylla und Charybdis
* Die Rinder des Helios
* Kalypso
* Die Insel der Phaiaken

Danach trifft Odysseus wieder zuhause ein, aber auch dort liegt noch eine gewaltige Aufgabe vor ihm, die es zu meistern gilt.

Im Land der Kikonen

Homer hat die Odyssee geschickt aufgebaut. Wer denkt, dass diese Reise nach Hause nun eine fortlaufende Geschichte sei, in der der Dichter die Abenteuer nacheinander erzählt, irrt. Schon damals verstand man etwas von Dramaturgie.

Denn über die ersten Stationen der Reise erfahren wir erst auf der Insel Scheria, am Hofe des Phaiaken-Königs Alkinoos. Odysseus berichtet dort über seine Erlebnisse.

Troja ist besiegt und liegt in Schutt und Asche.

Mit Stolz in der Brust ob des Sieges nach einer zehn Jahre dau ernden Schlacht legt Odysseus mit seinen Mannen von Troja ab.

Der Wind treibt die Flotte zur Kikonen-Stadt Ismaros. Diese haben auf Seiten der Trojaner gekämpft und werden somit als Feinde eingestuft.

Keineswegs waren die alten Griechen nur philosophisch und künstlerisch angehauchte Schöngeister. Absolut nicht. Das scheinen sie augenscheinlich nur in den verklärenden Augen der Philhellenen des 18. und 19. Jahrhunderts gewesen zu sein. Denn in archaisch-maskuliner Art fallen sie ohne Vorwarnung über die armen überraschten Kikonen her, zerstören die Stadt und ermorden die Männer. Die jungen Weiber und die erbeuteten Schätze werden untereinander aufgeteilt, so dass jeder seinen Anteil erhielt. Homer beschreibt es, indem er Odysseus sagen lässt:

.........Da verheert ich die Stadt und würgte die Männer.
Aber die jungen Weiber und Schätze teilten wir alle
Unter uns gleich, dass keiner leer von der Beute mir aus-

ging.
Odyssee, 9. Gesang, Vers 40 – 42

Welch ein Rohling, müssen wir sagen! So emotionslos daher gesagt, als handele es sich um einen ganz normalen selbstverständlichen Vorgang.

Eine innere Stimme lässt Odysseus jedoch warnend nach dieser Metzelei zur Weiterfahrt mahnen, aber die siegestrunkenen Gefährten denken gar nicht daran auf ihn zu hören. Am Strand wird gefeiert, es werden Schafe und Ziegen geschlachtet und kräftig dem Wein zugesprochen.

Jedoch auf dieses brutale Vorgehen folgt die Strafe auf dem Fuss. Einige versprengte Kikonen holen Hilfe aus dem Landesinneren und am nächsten Morgen beginnt eine heftige Schlacht. Die Übermacht der Kikonen zwingt die Achaier eilends zurück zu den Schiffen und am Abend die Segel zu setzen.

Das traurige Ende der ersten Heimfahrtsetappe: Jedes der Schiffe verliert sechs seiner Männer.

An dieser Stelle muss eigentlich jeder Leser nachdenklich werden und erkennen, dass alles eine Geschichte ist und nicht in der Realität passiert ist.

Denn warum gerade von jedem Schiff sechs Männer und nicht auf dem einen zwei und auf einem anderen acht?

Etwas humoristisch hinterfragt: Kaum denkbar, dass die Männer des Odysseus geschrieen haben: „Bitte keinen mehr von unserem Schiff – wir haben schon sechs Gefallene, macht euch an ein anderes Schiff, dort hat es erst wenige in den Hades verschlagen!"

Genug des schwarzen Humors!

Spielt man ein wenig mit den Zahlen, so kommt etwas Merkwürdiges dabei heraus.

Von 288 Männern bleiben also 216 übrig. Die Theosophische Reduktion (vulgo: Quersumme) bei beiden Zahlen ist „Neun". Absicht oder Zufall?

Wir wissen es nicht.

Oder sollte Homer doch schon, wie bereits erwähnt, so etwas wie Zahlensymbolik gekannt haben?

Denn die Zahl „Neun" ist das Ende der Zahlen, es gibt danach nichts mehr, alle anderen Zahlen setzen sich aus den neun (oder zehn, wenn man die Null hinzurechnet) Grundzahlen zusammen.

Die Zahl „Neun" deutet demzufolge darauf hin, dass eine Entwicklung abgeschlossen ist und dass etwas Neues folgt.

Das muss aber auch dem Einzelnen bewusst werden.

Nach dem Massaker ist die Quersumme noch immer „Neun" – das bedeutet, es hat keine Bewusstseinsveränderung stattgefunden, sondern die alten destruktiven Verhaltensmuster, noch von den Schlachten um Troja übernommen, sind noch nicht überwunden.

Insgesamt gesehen ist aus psychologischer Sicht dieser Kikonen-Aufenthalt der Beginn einer Reise, bei der es gilt, sich zu bewähren und sich zu läutern.

Ein Teil von Odysseus spürt wohl im Nachhinein, dass diese Metzelei etwas Unnötiges war und seine Truppe im Grunde auf eine Ebene mit den Barbaren stellt, wofür die Achaier nun einmal alle anderen Völker ansahen, die des Griechischen nicht mächtig waren.

Daher drängt dieser Wesensanteil von Odysseus wohl zur Weiterfahrt, aber die barbarisch-maskulinen Zerstörungstriebe sind noch zu stark und überstimmen die noch zu zart ausgeprägten Vernunftsgründe.

Aber durch den Verlust von zwölf mal sechs Gefährten kostet diese barbarische Unvernunft einen hohen Blutzoll. Odysseus muss Opfer bringen.

Als letzter Gruss an die Gefallenen wird dreimal ihr Name gerufen.

Bei den Lotosessern

Die nächste Station der Reise ist inhaltlich gar nicht so weit entfernt von unserer Zeit.

Hier geht es um das Thema Sucht und Rausch. Es ist das uralte und noch immer hochaktuell-traurige Thema des Menschen, sich durch Drogen in einen Zustand von Pseudo-Glückseligkeit zu versetzen, ohne aktiv dafür etwas zu tun.

Die Evolution hat dieses Programm nicht als Dauerlösung für ein Leben vorgesehen, denn es führt zu keiner Entwicklung, sondern zu einem Verharren, zu einer Stase, zum Stillstand.

Nach der Abfahrt vom Kikonen-Land zürnte der Göttervater ob der Unbeherrschtheit der Achaier und schickte ihnen als Strafe erst einmal einen fürchterlichen Sturm, der die Segel der Schiffe zerreisst. Mit grösster Mühe gelingt es ihnen eine Küste anzulaufen und sich dort in Sicherheit zu bringen.

Nach den notwendigen Reparaturen machten sie sich frohgemut auf den Heimweg, sind schon fast um das Südkap des Peloponnes herum, als wieder ein Sturm aus dem Norden sie neun (wieder neun!) Tage nach Süden abtrieb.

Am zehnten Tag endlich sahen sie endlich Land.

Es war das Land der Lotos-Esser, der Lotophagen.

Odysseus schickt nun vorsichtig, durch die Erfahrung bei den Kikonen klug geworden, zwei Männer zusammen mit einem Herold als Erkundungstrupp voraus, um zu sehen, welche Menschen dieses Land bewohnten.

Der Dreiertrupp stiess alsbald auf die Versammlung der Lotophagen.

Kein Zeichen von Feindseligkeit schlug ihnen entgegen, im Gegenteil, man lud sie freundlichst ein, vom Lotos zu kosten.

Eine gefährliches Angebot, wie sich schnell herausstellte.

Denn das Kosten der Lotos-Blüten führte zu einem Verlust von Verantwortungsgefühl. Die drei Achaier spürten nicht mehr den geringsten Drang, zu den Schiffen zurückzukehren, sie vergassen Heimkehr und Heimat und hatten nur den einen Wunsch, immer bei den Lotophagen zu bleiben und weiterhin die Lotos-Früchte zu essen.

Odysseus wird unruhig und sucht mit einigen Männern nach ihnen. Er erkennt die Gefahr des Bleibens, zerrt die sich heftig Sträubenden wieder auf die Schiffe und bindet sie dort fest.

Aus Furcht, die anderen könnten ebenfalls diesem Rausch verfallen, drängt Odysseus zur Eile und legt bekümmerten und zugleich nachdenklichen Herzens ab.

Noch immer rätselt man, um welche Pflanze es sich gehandelt hat. Denn der Lotos als solcher ist kein Rauschmittel.

Vielmehr scheint Homer in der Schönheit des Lotos eine Gefahr erkannt zu haben, in dem er Attraktion mit Verderben kombiniert. Wer sich ein wenig in der Werbebranche umsieht, kann Vergleiche nicht ganz von der Hand weisen. Attraktive und verlockende Angebote, jetzt besonders über das Internet, können zur (Kauf)Sucht verleiten, obgleich man es sich eigentlich nicht leisten kann. Die Unzahl überschuldeter Haushalte in Deutschland sind ein Beweis dafür.

Sinnigerweise gibt es bei uns Geschäfte, die den passenden Namen „Kaufrausch" tragen. Und als Dreingabe sah ich in Griechenland auf der Insel Santorini ein Geschäft mit der Bezeichnung „Shopping Therapy" – das betreiben viele wie im Rausch, um alsbald feststellen zu müssen, dass damit eine innere Leere nur zeitweise übertüncht und nicht ausgefüllt wird, wenn sie es denn wie alle Süchtigen überhaupt einsehen oder erkennen.

Aus dieser Perspektive scheint Homer aus Unkenntnis echter Rauschgifte den Lotos als Lockmittel angewandt zu haben, so ähnlich wie der Rattenfänger von Hameln mit schönen Flötentönen die Kinder der Stadt verführt.

Odysseus steht über den Dingen. Er handelt verantwortungsbewusst, um sein Ziel – Ithaka – nicht aus den Augen zu verlieren.

Geht man psychologisch noch einen Schritt weiter, dann könnte man es so interpretieren: Alle Gefährten zusammen sind Odysseus bzw. sind Seelenanteile von ihm. Ein Teil dieser Anteile tendiert schon dazu, den Verlockungen nachzugeben, aber die Vernunft und der überwiegende Anteil der restlichen Gefährten – der Seelenanteile – tendiert zur Erfüllung der für sie vorgesehenen Aufgabe.

Hier bei den Lotophagen ist eine Entwicklung zu einer handelnden, verantwortungsbewussten, zukunftsorientierten und denkenden Individualität nicht mölich.

Bei den Kyklopen – der Riese Polyphem

Homer spricht am Beginn des Abenteuers von den Kyklopen

in der Mehrzahl. In der Erzählung ist es eigentlich nur einer, Polyphem, mit dem es Odysseus und seine Gefährten zu tun haben werden. Die anderen geben nur ein kurzes Gastspiel aus der Ferne.

Was sind es nun für Wesen, die diese Insel bewohnen?

Und zum Lande der wilden gesetzelosen Kyklopen
Kamen wir jetzt, der Riesen, die im Vertraun auf die Götter
Nimmer pflanzen noch sä'n und nimmer die Erde beackern.
Ohne Samen und Pfleg entkeimen alle Gewächse,
Weizen und Gerste dem Boden und edle Reben, die tragen
Wein in geschwollenen Trauben, und Gottes Regen ernährt
ihn.
Dort ist weder Gesetz noch öffentliche Versammlung,
Sondern sie wohnen all' auf den Häuptern hoher Gebirge
In gehöhleten Felsen, und jeder richtet nach Willkür
Seine Kinder und Weiber, und kümmert sich nicht um den an-
deren.
Odyssee, 9. Gesang, Vers 106 – 115

Das Kyklopen-Abenteuer lässt sich langsam an. Die Schiffe landen des Nachts in einer Bucht auf einer Insel gegenüber dem Eiland der Riesen.

Diese Insel ist nach den Beschreibungen von Homer ein wahres Paradies. Von allem ist im Überfluss vorhanden, die Böden sind fruchtbar, wilde Ziegen bevölkern die Berge und oberhalb der Bucht entspringt ein silberblinkender Quell.

Die Gefährten lassen sich es erst einmal gut gehen, essen, trinken und schlafen sich aus. Kein Zwang treibt also Odysseus und seine Mitstreiter hinüber auf die andere Insel, von der die murmelnden Stimmen der Kyklopen, das Meckern der Ziegen und das Blöken der Schafe herüberdringt.

Was also ist die Triebfeder für die folgende Exkursion des Helden mit einigen seiner Männer?

Es ist die Neugier.

Es ist der Drang, zu neuen Horizonten aufzubrechen, Risiken einzugehen, nicht auf den bequemen Pfaden der Massen zu laufen, das Bewusstsein zu erweitern.

Im Grund ist Odysseus der Protagonist all jener Mutigen, seien es Feldherren wie Alexander, Forscher wie Humboldt, Seefahrer wie Magellan oder Kolumbus oder der Astronauten, die als erste den Mond betraten, um nur einige zu nennen.

Ich und meine Genossen, wir wollen im Schiffe hinüber
Fahren und Kundschaft holen, was dort für Sterbliche
  wohnen:
Ob menschliche Räuber und sittenlose Barbaren
Oder Diener der Götter und Freunde des heiligen Gastrechts.
Odyssee, 9. Gesang, Vers 173 – 176

Odysseus bricht mit nur einem Schiff und zwölf seiner tapfersten Gefährten zur anderen Insel auf. Er schnallt sich noch einen ziegenledernen Schlauch mit einem Wein um, den er bei den Kikonen von einem Priester Apollons als Geschenk erhalten hatte, da er ihn und seine Familie bei dem mörderischen Gemetzel verschont hatte.

Dieser Wein hatte es in sich. Jeder Sterbliche musste ihn mit der zwanzigfachen Menge Wasser verdünnen, um nicht gleich betrunken zu werden.

Wir werden gleich sehen, wie wichtig diese intuitive Entscheidung für den Fortgang der Geschichte ist.

Drüben fanden sie den Kyklopen nicht in seiner Höhle. Er war bei seinen Herden.

Sie schauten sich staunend in der Höhle um. In den Winkeln und Ecken der Höhle entdeckten sie Lämmer und Zicklein, nach Alter geordnet, und Unmengen von Milch und Käse.

Die Gefährten beschleicht ein Unbehagen, sie möchten mit Käse und einigen Tieren wieder auf das Schiff und diese unheimliche Höhle schnellstens wieder verlassen.

Aber diesmal ist im Gegensatz zum Erlebnis bei den Lotophagen und Kikonen Odysseus der Renitente. Er will partout die Bewohner sehen, was sich aber im Nachhinein vordergründig als dramatischer Fehler herausstellt.

Denn jetzt erscheint er, ein Riese, und der Schrecken der Männer ist beträchtlich. Auf seinen Schultern trägt er einen gewaltigen Stoss Holz, den er in die Höhle fallen lässt, dass der Felsen nur so kracht.

Als nächstes folgt ein Kraftakt, der den Gefährten einen Schauer über den Rücken laufen lässt. Der Ausweg wird versperrt, denn er setzt einen riesigen Felsblock vor den Höhleneingang.

Aber dann setzte er hin einen grossen wuchtigen Türblock,
Hoch ihn stemmend, den hätten nicht zweiundzwanzig
* Gespanne*
Mit vierrädrigen trefflichen Wagen vom Boden gehoben;
Solch einen mächtigen Felsblock setzte er da vor die Türe.
Odyssee, 9. Gesang, Vers 240 – 243

Jetzt ist guter Rat teuer. Der Ausweg ist versperrt. Die Gefährten sind auf Gedeih und Verderben dem Riesen ausgeliefert.

Denn jetzt entdeckt der Riese dieAchaier und will wissen, wo sie eigentlich herkommen.

Odysseus erkennt die aussichtslose Situation und verlegt sich aufs Bitten. Er appelliert an Polyphem, indem er auf das auch dem Zeus heilige Gastrecht verweist.

Aber das entlockt dem Riesen nur ein höhnisches Lachen:

Töricht bist du, o Fremder, oder von weither gekommen
Der du mich heisst, ich solle die Götter fürchten und scheuen.
Wir kümmern uns nicht um Zeus, den König des Himmels
Noch um die seligen Götter, denn wir sind besser als jene.
Odyssee, 9. Gesang, Vers 273 – 276

Diese Riesen sind ein rauhes, grobschlächtiges Volk, denen menschliche Massstäbe und auch die Götter und das heilige Gastrecht nichts gelten.

Und nunmehr erfolgt etwas Furchtbares, was den übrigen Gefährten quasi das Blut in den Adern gerinnen lässt. Der Kyklop packt sich zwei der Griechen, schleudert sie mit dem Kopf an den Felsen der Höhle, dass das Gehirn herausspritzt und verputzt sie mit Haut und Haaren und spült zur besseren Verdauung mit Milch hinterher.

Aber der Riese hat neben aller Grausamkeit auch eine andere gutmütige Seite, denn er geht mit seinen Schafen und Ziegen sehr liebevoll um.

Nach dem Fressen – die Bezeichnung Essen wäre wohl etwas schmeichelhaft – streckt sich Polyphem nach einem kräftigen Rülpser zum Verdauungsschlaf unter seinen Tieren aus.

66

Ein Entkommen erscheint schier unmöglich. Schliesslich müssen noch vier weitere Gefährten dran glauben und werden vom Riesen gefressen.

Aber nennt Homer in seinem Epos den Odysseus nicht immer wieder den Listenreichen?

So grübelt dieser und lässt alle Möglichkeiten einer Rettung in seinem Kopf Revue passieren.

Denn gegen solch ungehobelte Gewalt hilft nur die menschliche Schläue und List.

Und Homer inszeniert hier wahrlich ein Feuerwerk grandioser Einfälle.

Der erste Glanzpunkt ist die Idee von Odysseus, den starken Wein von der Kikonen mitzunehmen, den er gleich brauchen wird.

Der nächste Gedankenblitz macht sich an einer Keule aus Olivenholz fest, die in der Höhle steht.

Und nun kommt das i-Tüpfelchen, heute sagt man burschikos: Das Sahnehäubchen.

Als Polyphem den Odysseus nach seinem Namen fragt, antwortet dieser, er heisse Niemand. Niemand, so sei sein Name. So hätten ihn seine Eltern, alle Verwandten und Gefährten stets gerufen. Die Genialität dieses Einfalls wird sich gleich zeigen.

Aber jetzt der Reihe nach:

Zum Essen gehört nach mediterranem Usus heute wie damals auch ein guter Wein. Und Odysseus bietet dem Riesen den ungeheuer starken Wein zu seiner Mahlzeit an. Dem Kyklopen gefällt der Wein, er verlangt nach mehr, bis auch er trotz seiner Stärke fast sinnlos betrunken aufs Lager fällt und sich dabei übergibt.

Nach diesem ersten Streich folgt der nächste. Im Feuer härten die restlichen sechs Männer das zuvor angespitzte Holz und in einem Akt von mutiger Verzweiflung rammen sie dem schlafenden Riesen den glühenden Olivenstamm in sein Auge.

Brüllend vor Schmerz und Zorn reisst sich der Kyklop den glühenden Stamm aus dem Auge, rast in der Höhle umher und schreit laut um Hilfe.

Die anderen Kyklopen hörten dies und fragen ihn, was denn los sei.

„Was geschah dir für Leid, Polyphemos, dass du so brülltest
Durch die ambrosische Nacht, und uns vom Schlummer erweckest?
Raubt der Sterblichen einer dir deine Ziegen und Schafe?
Oder würgt man dich selbst, arglistig und gewaltsam?"
Und aus der Höhle erwiderte da Polyphemos, der starke:
„Niemand, ihr Freunde, sucht mich mit List und Gewalt
*   zu ermorden"*
Darauf antworteten sie und schrien die geflügelten Worte:
„Wenn dir Niemand Gewalt antut in der einsamen Höhle;
Gegen Schmerzen, die Zeus dir schickt, ist kein anderes
*   Mittel:*
Fleh zu deinem Vater, dem Meerbeherrscher Poseidon!"
Also schrien sie und gingen ...
Odyssee, 9. Gesang, Vers 402 – 412

An diesem Schauspiel beweist Odysseus wieder, dass man ihm zu Recht den Beinamen „Der Listenreiche" gegeben hat. Denn wenn man an der Passage angelangt ist, an der Odysseus seinen Namen „Niemand" verrät, ahnt man nicht, welche Bedeutung dieses Wort noch haben sollte.

Die Kyklopen, ohnehin nicht gerade sozial veranlagt, sind im Grund verärgert über die Störung ihrer Nachtruhe und trollen sich wieder in ihre Bergeshöhlen, nachdem ja „Niemand" dem Polyphem etwas zu Leide tut.

Sollte es nur Übelkeit oder gar ein Zahnschmerz sein – gegen den Willen des Göttervaters ist eben kein Kyklopen-Kraut gewachsen.

„Bete mal schön zu deinem Vater Poseidon, der wird es vielleicht richten!" und weg sind sie.

Jetzt heisst es nur noch, die Höhle zu verlassen, denn der gewaltige Fels versperrt noch immer den Ausgang.

Aber Homer spielt seinem Helden wieder einen listigen Einfall zu. Am nächsten Morgen öffnet der Riese die Höhle und lässt die Schafe und Widder nach draussen.

Jedes Tier kontrolliert er kurz am Rücken mit der Hand, damit nicht einer der Achaier sich darauf heraussstiehlt.

Odysseus bindet die Gefährten unter die Tiere, er selbst krallt sich unter den Leitwidder und so unterlaufen sie die Türkontrolle.

Ein paar Tiere treiben die Gefährten noch aufs Schiff und legen schleunigst ab.

Odysseus kann aber nicht an sich halten und beweist im Abfahren noch eine erstaunliche Unreife. Er kann es nicht lassen und muss den Riesen noch aus der Ferne verhöhnen.

Ein gewaltiger geschleuderter Felsbrocken ist die Antwort, der zum Glück das Schiff knapp verfehlt.

Seine Gefährten drängen ihn, ruhig zu sein, aber als sei es noch nicht genug, treibt es den Helden zu nochmaliger zorniger Beschimpfung.

*Höre, Kyklope! Sollte dich einst von den sterblichen Men-
schen*
*Jemand dich fragen, wer dir dein Auge so schändlich geblen-
det,*
Sag ihm: Odysseus, der Sohn Laërtes', der Städteverwüster,
Der in Ithaka wohnt, der hat mein Auge geblendet!
Odyssee, 9. Gesang, Vers 501 – 504

Polyphem, in seiner Wut und in seinem Schmerz, fleht zu seinem Vater Poseidon und wünscht dem Davonfahrenden alles
Unglück und im Fall seiner alleinigen Heimkehr, den Verlust
aller Gefährten, Elend und Kummer auf seiner Heimatinsel.

Und der Meerbeherrscher erhört die Klagen seines Sohnes
und verfolgt den Helden fortan mit seinem Zorn.

Zu diesem Kapitel sind einige klärende Worte notwendig.

Einmal zur Person des Kyklopen Polyphemos. In allen Pu-
blikationen und Beschreibungen wird er immer als einäugig
dargestellt. So zeichnet man ihm ein Auge an die Nasenwurzel.
Auch in dem uralten Film mit Kirk Douglas ist der Kyklop so
dargestellt (den Film muss man aber nicht gesehen haben, da
er die Odyssee völlig verfremdet, ja entstellt).

Nirgendwo in der Übersetzung steht geschrieben, dass er tat-
sächlich nur ein Auge besitzt. Und schon gar nicht, dass es mit-
tig unter der Stirn an der Nasenwurzel sass.

Man muss diese Beschreibungen wohl symbolisch verstehen.

Jedesmal, wenn Odysseus bestimmte Abenteuer übersteht,
dann sind es jeweils Seelenanteile, die es zu überwinden gilt.
Heutzutage würde man von „abhaken" sprechen.

Die ungestalten Riesen sind ein Relikt aus alter Zeit, als die
Welt noch nicht polar betrachtet wurde. Sie sind in diesem ar

chaischen Zustand verblieben und die ethisch-moralischen Ent-
wicklungen sind an ihnen vorbeigegangen bzw. sind bei ihnen
noch nicht angekommen.

So ist offenbar die Einäugigkeit, die nicht-polare Sichtweise
der Welt, ebenfalls ein allzu überholtes Relikt, das es auf dem
Weg der Menschwerdung mit dem symbolischen Ziel Ithaka
zu überwinden gilt.

Es ist die naiv-kindliche Sichtweise, die eine Unterscheidung
von gut und böse noch nicht kennt, sondern erst entwicklungs-
und erziehungsmässig dahin geführt werden muss.

Wie jeder weiss, können Kinder auf ihre Art und Weise grausam zu anderen Kindern und auch zu Tieren sein, ohne ein
Schuldbewusstsein zu verspüren.

Odysseus hat es geschafft, diesen Ur-Zustand zu abzulegen,
zeigt aber nach der Überwindung eine erstaunliche Unreife,
indem er den Riesen noch verhöhnt. Ein mächtiger Feind, nämlich Poseidon, der Herr der Meere, ist ihm nunmehr sicher.

Die Insel des Windgottes Aiolos

Das nächste Abenteuer der Gefährten beginnt mit einer
Schwierigkeit. Um die schwimmende Insel Aiolia des Wind-
gottes Aiolus erhebt sich eine Mauer aus Erz und glatten Felsen. Homer verrät uns nicht, wie es den Männern gelingt,
dieses Hindernis zu überwinden und an den Hof des Aiolos,
des Freundes der unsterblichen Götter zu gelangen.

Demzufolge müssen wir uns unsere eigenen Gedanken machen.

Der Wind ist ein eigenartiges Phänomen. Niemand kann ihn
sehen, man sieht und hört und fühlt ihn nur an den Auswirkun.

gen. Der Wind weht wo und wohin er will.

Ein ähnlich merkwürdiges Prinzip, und damit dem Wind verwandt, ist der Geist und auch die Gedanken. Auch der Geist kennt keine Grenzen und keine Beschränkungen. Im Grund sind Gedanken, das geistige Prinzip, das universellste und umfassendste Phänomen, das unser Kosmos zu bieten hat.

H.W. Woltersdorf hat es in seinen Büchern genial beschrieben, ist aber von den meisten leider nicht verstanden worden. Vielleicht wollen ihn auch viele nicht verstehen, denn das würde eine Änderung eingefahrener, bequemer und lieb gewonnener Gedankenmuster nach sich ziehen können.

Im Hebräischen ist die inhaltliche Verwandtschaft von der Buchstabenähnlichkeit deutlich: Der Geist heisst ruach und der Wind heisst reach.

Eine neue Herausforderung der Gefährten, sie müssen sich mit den geistigen Prinzipien befassen, einer Krönung der menschlichen Entwicklung, und zeigen, dass sie damit sorgsam und klug umgehen können.

Odysseus wird einen Monat lang am Hof des Aiolos fürstlich bewirtet und berichtet als Dank dafür über die Abenteuer und Kämpfe vor Troja.

Als er die Absicht bekundet, weiter gen Ithaka zu fahren, schenkt ihm Aiolos einen Ledersack, in dem er die Winde einsperrt. Nur den Westwind Zephyros als den angenehmsten aller Winde lässt er draussen, um Odysseus eine angenehme Heimreise zu ermöglichen.

Hierin liegt wieder eine subtile Metapher.

Nur derjenige, der seinen Geist an einem Ziel festmacht, sich von einer Idee, einem Impuls – hier dem sanften Westwind – bewegen lässt, hat die Chance, auch anzukommen.

Odysseus ahnt irgendwie diese zu bewältigende Aufgabe und er hält sich neun Tage und Nächte – hier begegnen wir wieder der bereits erwähnten Zahl „Neun" – am Steuer des Schiffes wach. Schon sieht er das Ziel in Reichweite, da übermannt (warum gibt es eigentlich nicht das weibliche Pendant dazu, das „überfrauen" lauten würde?) ihn die Müdigkeit, er kann in diesen entscheidenden Augenblicken nicht mehr wach bleiben und er schläft ein.

Das bedeutet, Odysseus hat nicht mehr die Kontrolle über seine niederen Instinkte wie krankhafte Neugier und vor allem Neid und Missgunst.

Das nutzen seine Fahrtgenossen aus und sprechen zueinander. Hier der Text der Odyssee:

Wunderbar! Dieser Mann gewinnt die Achtung und Liebe
Aller Menschen, wohin er auch kommt, in Städten und Ländern!
Aus der troischen Beute wie manches unschätzbare Kleinod
Bringet er mit! Und wir, die alle Gefahren geteilet
Kehren am Ende doch mit leeren Händen zur Heimat.
Nun hat Aiolos dieses Geschenk aus besonderer Freundschaft
Ihm verehrt. Auf, lasst uns denn eilen und sehen, was dies sei,
Wie viel Silber und Gold in diesem Schlauch doch stecke.
Odyssee, 10. Gesang, Vers 38 – 45

Sie öffnen den Schlauch. Da entfuhren fauchend die drei anderen Winde aus dem Schlauch und ein furchtbarer Sturm brach los und schleuderte sie mit ihren Schiffen weit weg von ihrem schon in Reichweite liegenden Ziel.

Wer seine Gedanken, seinen Geist nicht kontrollieren kann,

wer mal auf diesen Einfluss und mal auf jene Einflüsterung hört, kann nur scheitern.

Er ist ein hilfloses Treibgut im Meer des Lebens ohne festes Ziel und ohne feste Vorstellung. Ein Getriebener, aber nicht der Herr in seinem eigenen Lebenshaus.

Niemand kann zugleich vier Göttern dienen.

Das Schicksal treibt ihn wieder zurück auf die Insel Aiolia. Diesmal ist zum Erstaunen von Odysseus der Empfang ein gänzlich anderer.

Aiolos fragt ihn kühl und teilnahmslos, wieso er schon wieder hier sei, obwohl er doch von ihm jegliche Hilfe erhalten habe.

Verzweifelt versucht Odysseus ihm die Notlage und das Missverhalten seiner Gefährten zu erklären.

Doch er stösst nur auf Ablehnung und taube, feindselige Ohren.

Hebe dich eilig hinweg von der Insel, du Ärgster der Menschen!
Denn es geziemet mir nicht, zu bewirten noch weiter zu senden
Einen Mann, den die Rache der seligen Götter verfolget.
Hebe dich hinweg, denn du kommst mit dem Zorne der Götter beladen.
Odyssee, 10. Gesang, Vers 72 – 75

Wer es nicht versteht, mit den Geschenken der Geistesgaben sorgfältig und verantwortungsbewusst umzugehen, der hat Hilfe nicht verdient. Er ist kein Gleichwertiger, sondern noch ein in der Entwicklung Zurückgebliebener, mit dem jedwede Diskussion sinnlos ist.

Hierhin passt der Satz aus dem Faust:

Du gleichst dem Geist, den du begreifst! Nicht mir! (Faust I, Geist, Nacht)

Seufzend und niedergeschlagen fahren und rudern die Gefährten sechs Tage lang weiter, bis sie endlich am siebenten Tag wieder Land sehen.

Das Fehlverhalten mit dem Schlauch der Winde sollte Folgen unangenehmer Art haben, wie das nächste Kapitel zeigen wird.

Bei den Laistrygonen

Eine Insel mit wiederum schroffen Felsenküsten empfängt Odysseus und seine Mannen. Zum Glück gibt es aber eine schmale Einfahrt in eine sichere Bucht, in der das Wasser spiegelglatt ist, so dass die Schiffe keine Anker werfen brauchen. Man band sie nur aneinander. Elf Schiffe der kleinen Armada steuern diese Bucht an, nur Odysseus mit dem zwölften Schiff ist diesmal wieder vorsichtig und bleibt mit seinem Schiff etwas ausserhalb des Hafens.

Er klettert dort auf einen Felsen und hält Ausschau. Nichts ist zu sehen, nur Rauch steigt irgendwo auf der Insel auf.

Man möchte wissen, um welche Bewohner es sich handelt. In der Übersetzung heisst es:

Was für Sterbliche dort die Früchte des Halmes genössen

Also schickt Odysseus zwei „erlesene" Gefährten voraus und einen Herold.

Kurz vor der Stadt treffen sie ein Mädchen an, das aus einem Brunnen Wasser schöpft.

Diese Begegnung mit einem Mädchen an einem Brunnen scheint generell ein beliebtes Motiv der Frühzeit gewesen zu sein.

An einem Brunnen trifft Jakob seine Rachel, die Tochter seines Onkels Laban, die er nach zwei mal sieben Jahren harten Dienens freite und die ihm die Söhne Joseph und Benjamin gebar.

Auch Moses lernte seine Frau Zippora an einem Brunnen kennen.

Im Gegensatz zu diesen Begegnungen positiver Art soll sich diese Begegnung als etwas anders erweisen.

Das Mädchen ist die Tochter des Laistrygonen-Königs Antiphates und weist ihnen den Weg zum Palast des Vaters.

Hier erwartet die drei Kundschafter eine grausliche Erfahrung. Als erstes begegnet ihnen die Frau des Königs – ein Weib so hoch wie ein Berggipfel. Lärmend rief sie sofort ihren Mann aus einer Sitzung. Und Antiphates fackelte nicht lange. Nach polyphemischer Art packte er gleich einen der drei Männer und verspeiste ihn auf der Stelle.

So schnell sie können, nehmen die anderen beiden Reissaus in Richtung der Schiffe. Doch Antiphates ruft die anderen Laistrygonen herbei, die zu Tausenden, nicht Männern gleichend, sondern Giganten – so Homer– zusammenströmen.

Sofort machen sie sich an die Verfolgung der Flüchtenden und werfen von den Felsen grosse Steine auf die Schiffe der Achaier und vernichten sie.

Dann stiegen sie hinab und es entstand ein schreckliches Gemetzel.

Sämtliche Schiffsbesatzungen wurden getötet und aufgefressen.

76

Teilweise wurden sie regelrecht zur Mahlzeit aufgespiesst. Odysseus reisst blitzschnell sein Schwert aus der Scheide, durchtrennt die Ankertaue und flieht so schnell er kann.

So grausam diese Episode sein mag, so hat sie doch für die Weiterfahrt und damit die Entwicklung bzw. Reife unseres Helden eine grosse Bedeutung.

Die entscheidende, aber von den meisten Autoren meines Wissens wenig beachtete Szene ist die Einfahrt in die stille, nicht von aufgewühlten Wogen gepeitschte Bucht.

Die Gefährten (sprich Seelenanteile) des Odysseus stellen das Thema Sicherheit über alles. Der stille Fjord ist eine Metapher für die Gebärmutter, in der das Nichtgeborene, noch nicht voll Entwickelte wie in einer schützenden Geborgenheit verweilt. Irgendwie scheint auch Odysseus nach den enttäuschenden Erfahrungen beim Windgott Aiolos ein Bedürfnis nach dieser Sicherheit zu haben.

Doch wer Sicherheit anstrebt, ist auf einem falschen Weg. Sicherheit ist gleichbedeutend mit einer Stase.

Das Leben als solches kennt keine Sicherheit und wer glaubt, dass er alles mögliche tut, um ein sicheres Leben zu führen, ist auf dem Weg zum Abgestorbensein.

Lassen wir zum Thema Sicherheit einige andere Autoren zu Worte kommen.

So spricht Shakespeare:

„Den Sterblichen, das wisst ihr lange, führt Sicherheit zum Untergange"

Goethe hat sich ebenfalls dazu geäussert:

Der „... nur um seiner Sicherheit willen lebt, insoweit schon tot ist"

Noch drastischer hat es der Bad Pyrmonter Fastenarzt Dr.

Otto Buchinger ausgedrückt:

„Bei dem Wörtchen sicher hör ich der Hölle Gekicher!"

Das Leben und die Evolution lieben den Wagemutigen. Nicht die Satten und Bequemen schaffen die Zukunft, sondern es sind die Mutigen, Wagenden und Strebenden.

Homer lässt also an dieser Wegesmarke der Heimkehr mit grosser Verve das Streben nach Sicherheit von den Riesen mit Gewalt zerstören.

Sicherheit wird zur Illusion.

Der Name des Königs Antiphates sagt es wohl symbolisch, dass er gegen etwas ist, gegen alles Neue, gegen Veränderung. Er ist ein Teil des Gestern, des Zurückgelassenen – kurzum: Er verkörpert das Veraltete.

Die Laistrygonen sind also die vom Schicksal auserkorenen Helfershelfer, quasi ein Korrektiv, um das Thema Sicherheit auf dem Rest des Weges zu vergessen und sich unter Inkaufnahme von Gefahren auf die Weiterreise in die Zukunft zu begeben, und zwar unter Aufgabe einer eine allzu statischen Einstellung.

Man kann diesen Wunsch, den sicheren Hafen anzustreben, auch als Regression bezeichnen, als Weg zurück. Die Evolution mag keinen Rückwärtsgang, sie kennt nur den Weg nach vorn.

Dieser Aufenthalt ist eine gewaltige Zäsur auf der Reise des Odysseus, denn fortan ist sein Zwölfer-Geschwader bis auf ein Schiff reduziert.

Es wird einsam um ihn.

Der Grossteil der Gefährten blieb auf dem Weg zurück.

Also steuerten wir mit trauriger Seele von dannen,
froh der bestandenen Gefahr, doch ohne die lieben Gefähr-

ten.
Odyssee, 10. Gesang, Vers 133 – 134

Aiaia – die Insel der Kirke

Wieder taucht auf der Weiterreise eine neue Insel auf, ein neuer Ankerpunkt des Bewusstseins im Meer des Unbewussten.

Sie liefen in eine schirmende Bucht ein, ein Gott schien ihnen wohlwollend dabei zu helfen. Zwei Tage ruhten sie sich von den Strapazen aus und gedachten der gefallenen Gefährten.

Dann begann sie der Hunger zu plagen. Odysseus stieg auf einen Felsen und erblickte wieder Rauch – ein Zeichen, dass Menschen auf der Insel lebten.

Spontan möchte Odysseus nachschauen, wer sich dort wohl befände.

Aber das gerade Erlebte lässt ihn zögern und erst einmal zum Schiff zurückzugehen. Unterwegs läuft ihm, dem Einsamen, ein Hirsch über den Weg, den er schnell mit der Lanze erlegt.

Für ein Festmahl ist also gesorgt.

Ja, Odysseus entwickelt sogar so etwas wie Galgenhumor. Sinngemäss sagt er. „Liebe Freunde, wir wissen nicht, wann uns der dunkle Gang in den Hades bevorsteht. Aber solange noch Getränke und etwas Essbares vorhanden ist, so lasst es uns jetzt aus frohem Herzen geniessen. Wer weiss, was morgen ist."

Gesättigt und voll des süssen Weines legen sich die Gefährten zum Schlummer an den Strand des rauschenden Meeres.

Als am nächsten Tag Eos, die rosenfingrige Göttin der Morgenröte ihre Bahn am Osthimmel beginnt, heisst es aufbrechen, um die Insel zu erkunden. Begeistert sind die Gefährten nicht, denn

Da sie des Laistrygonen Antiphates Taten bedachten
Und des Kyklopen Gewalt, des grausamen Menschenfressers.
Und sie weineten laut und vergossen heftige Tränen.
Aber sie konnten ja nichts mit ihrer Klage gewinnen.
Odysseus, 1o. Gesang, Verse 198 – 201

Auch hier zeigt Homer wiederum in diesem letzten Satz ein grossartiges Einfühlungsvermögen in psychologische Zusammenhänge. Es ist auch in heutiger Zeit bekannt, dass ständiges Jammern und Klagen, also ein Rückwärtsgewandtsein, einer Heilung und Gesundung nicht förderlich ist, sondern nur dem Bestehenbleiben der Symptome dient.

Odysseus teilt seine Achaier in zwei Gruppen ein. Eine leitet er, die andere steht unter der Führerschaft von Eurylochos, seinem getreuesten Gefährten, auf den auch das Los fällt, als erster loszumarschieren und zu schauen, was die Insel ihnen bringen wird.

An dieser Stelle wird man rechnerisch wieder nachdenklich, denn Eurylochos bricht mit zweiundzwanzig Männern auf. Bedenkt man, dass auf jedem Schiff vierundzwanzig Leute gewesen sind und dass davon je sechs bei den Kikonen getötet worden sind, so könnte Odysseus rein arithmetisch nur noch allein – wenn überhaupt - in seiner Gruppe sein, wenn die andere Gruppe zweiundzwanzig Männer umfasst.

Aber Homer lässt sich nicht darüber aus und so legen wir unsere kritischen Rechenexempel ad actas, denn was soll es – Odysseus kehrt ohnehin, wie wir ja wissen, allein nach Ithaka zurück.

80

Eurylochos bricht mit seinen zagenden Männern auf. In einem weiten Gebirgstal finden sie die Wohnung der Kirke, keine Höhle, sondern aus behauenen Steinen errichtet.

Als erstes stellen sie verblüfft fest, dass um das Haus Löwen und Wölfe herumlaufen, die sich jedoch als zahm erweisen. Schwanzwedelnd begrüssten sie die Gefährten, so wie ein Hund sein zurückkehrendes Herrchen begrüsst.

Von drinnen hörten sie anmutige Melodien. Kirke webte an einem herrlichen Teppich. Bei solch harmloser Umgebung atmeten die Achaier auf und Polites, einer der Führer, beschloss, die Frau oder Göttin zu rufen.

Kirke liess sich nicht zweimal rufen, trat aus dem Haus und lud sie in ihr Haus ein.

Nichts Böses ahnend folgten sie der atemberaubend Schönen – immerhin ist sie die Tochter des Sonnengottes Helios - ins Haus.

Nur Eurylochos traute dem Frieden nicht so recht und blieb zurück.

Drinnen wurden die Gefährten mit Wein, Käse, Mehl und Honig auf das Fürstlichste bewirtet. Kirke hatte jedoch zuvor in die Speisen Zauberkräuter gemischt, so dass die Männer die Heimat vergassen. Kaum hatten sie davon gegessen, da berührte Kirke sie mit einer Zauberrute und verwandelte die Gefährten in Schweine.

Zwar sahen sie aus wie gewöhnliche Schweine, hatten Kopf, Gestalt, das Grunzen und die Borsten der Schweine, ihren Verstand hatten sie jedoch behalten.

Kirke machte kein langes Federlesen mit ihnen, trieb sie in den Stall und warf ihnen das übliche Schweinefutter wie Eicheln und Bucheckern vor.

Der misstrauische Eurylochos wartete und wartete und als sich keiner seiner Männer wieder zeigte, hetzte er zurück zum Schiff und konnte vor lauter Atemlosigkeit kaum ein Wort über das Geschehene hervorbringen.

Er weigerte sich sogar, Odysseus zum Haus der Kirke zu führen. Ja, er schlug Odysseus sogar vor, diese Insel so schnell wie möglich zu verlassen, denn er konnte sich kaum vorstellen, dass es Odysseus besser ergehen würde als den anderen.

Doch jener spürt die Verantwortung, die ihm für die Männer obliegt, wirft sich das eherne Schwert um die Schulter, nimmt Bogen und Köcher und macht sich auf den Weg.

Jetzt lässt Homer wieder den berühmten Deus ex machina auftreten, denn schliesslich beobachten die Götter die Taten des Helden.

Hermes, der geflügelte Bote vom Olymp, tritt ihm in Gestalt eines blühenden Jünglings entgegen. Er weiss um das Schicksal der Gefährten und sorgt sich darum, dass es Odysseus ebenso ergehen würde.

Muss er ja auch, denn sonst wäre das Epos hier zuende. Wahrlich, das wäre eines Odysseus' nicht würdig, in Gestalt eines Schweines die Reise und auch die Geschichte zu beenden.

Hermes kennt die Zauberkraft Kirkes und reicht ihm ein Kraut als Antidot, das die magischeWirkung aufhebt. Homer nennt es Moly (vielmehr nennen es die Götter so) und beschreibt sein Aussehen folgendermassen:

Mit schwarzer Wurzel und milchweisser Blüte.

Wissenschaftler, Archäologen und Pflanzenkenner haben sich den Kopf zerbrochen und recherchiert, um welche Pflanze es sich wohl gehandelt hat.

Bislang ist ihre Suche vergeblich gewesen – Homer hat dieses Geheimnis mit ins Grab genommen.

Kirke empfängt auch ihn freundlich-strahlend, bewirtet auch ihn wie zuvor die Gefährten. Doch ihr Zaubertrank und ihre magische Rute bleiben ohne Wirkung.

Mit dem Schwert springt Odysseus auf sie zu, doch Kirke bittet um Gnade und lädt ihn ein, mit ihr das Lager zu teilen.

Welch galante Umschreibung im Gegensatz zu unseren heutigen Autoren, die zumeist die Dinge unprosaisch beim Namen nennen.

Doch Odysseus weigert sich, erst soll sie ihm bei den Göttern schwören, dass sie keine weitere Arglist gegen seine Kraft und vor allem sein Mannestum im Schilde führe.

Sie leistet diesen Eid – und wie schon erwähnt, damals galt ein Eid noch etwas. Der Meineid muss wohl eine Erfindung der Neuzeit sein.

Mägde nehmen sich danach des Helden an, baden, salben und kleiden ihn ein. Bei Tisch mag Odysseus aber nichts anrühren bevor nicht seine Gefährten aus ihrer Schweinegestalt erlöst sind. Lassen wir wieder einmal bei der Folgehandlung die Originalübersetzung zu Wort kommen:

............*Sie ging, in der Hand die magische Rute*
Aus dem Gemach, und öffnete schnell die Tür des Kofens.
Und trieb jene heraus, in Gestalt neunjähriger Eber.
Alle stellten sich jetzt vor die mächtige Kirke, und diese
Ging umher und bestrich jedweden mit heilendem Safte.
Siehe, da sanken herab von den Gliedern die scheusslichen
 Borsten
Jenes vergifteten Tranks, den ihnen die Zauberin eingab.

Männer wurden sie schnell, und jüngere Männer denn vor-
mals,
Auch weit schönerer Bildung und weit erhabeneren Wuchses.
Odyssee, 10. Gesang, Vers 388 – 396

Die aus dem Schweinezustand erlösten Gefährten machen
somit zugleich eine Verjüngungs-Kur durch (heute heisst es
ja phantasielos anglifiziert Anti-Aging-Kur). Und nicht nur
das. Homer spendiert ihnen gleich noch eine gehobenere Bildung hinzu. Wie schön wäre es, wenn in unserer Zeit des Jugendwahns mit den ubiquitären Anti-Aging- und Well-
ness-Angeboten auch dies seinen Widerhall fände. Goethe und
Yoga, Thomas Mann und Massage, Händel und Thalasso-The-
rapie, Mozart und Meditation – welch eine anzustrebende
Kombination in Anlehnung an Homer!

Bevor das grosse Fest beginnt, lässt Odysseus erst die anderen Seeleute vom Schiff holen und die Wertsachen an Land
verstecken. Nur der edle Eurylochos sträubt sich dagegen und
muss fast mit des
Schwertes Gewalt gezwungen werden.

Ein Jahr lang wird nun geschmaust und getrunken. Aber irgendwann drängen die anderen Männer auf die Weiterfahrt in
die Heimat. Odysseus bittet daraufhin Kirke, ihnen die Weiterfahrt zu erlauben.

Kirke will ihn nicht aufhalten, offenbart ihm aber noch eine
äusserst schwierige Aufgabe, die es vor der Heimfahrt zu erle-
digen gilt.

Odysseus muss hinabfahren in den Hades und dort den blinden Seher Teiresias, dem die Gabe der Zukunftsschau geblieben ist, nach seiner Heimkehr zu befragen.

Das verschlägt selbst dem gestandenen Achaier die Sprache. In den Hades hinabsegeln, als Sterblicher! Das ist doch eine nicht zu lösende Herausforderung! Doch Kirke gibt ihm einige Anweisungen und Ratschläge für die Orientierung und das Erreichen dieses Ziels an die Hand.

Auch dieses Kapitel bei der Zauberin Kirke enthält eine Reihe symbolischer Bezüge. Nicht in Wölfe oder in Löwen verwandelt Kirke die Männer, sondern in Schweine. Deutlicher kann man es wohl kaum sagen: Es sind die niedersten Instinkte sexueller Natur, die hier wiedergespiegelt werden, aber nicht nur diese.

Es ist ferner der Drang zur Völlerei und zum Saufen. Nicht umsonst trifft es die Männer beim Essen, Trinken und den lüsternen Blicken auf die Mägde der Kirke.

Es ist das „Schweinische" im Mann, das uns hier in aller Deutlichkeit auch als Teil von Odysseus ans Tageslicht gehoben wird.

Wer sich zu höheren Weihen aufschwingen will, wer auf dem Weg zur Einheit nicht straucheln will, der muss auch diese Eigenschaften als negativen Teil seiner Entwicklung über Bord werfen.

Es gibt Autoren, die dem Haus der Kirke mit ihren Mägden so etwas wie ein Rotlicht-Milieu unterstellen, in dem die Männer nach langer Seefahrt nur das „Eine" suchten.

Ob Homer das wohl beabsichtigt hat?

Kirke als Maitresse d'amour mit einigen Kokotten?

Im Deutschen gibt es dafür ein etwas unschönes Wort, das ich aber geflissentlich übergehen möchte.

So ganz vermag ich mich mit diesem Gedanken nicht anfreunden. Als oberflächliches Interpretationsmodell mag es vielleicht herhalten, doch der eigentliche symbolische Gehalt geht dabei etwas verloren.

Nach wie vor plädiere ich für die weiter oben erwähnten symbolischen Zusammenhänge, die das Niedere im Mann anprangern, aufdecken und erlösen wollen.

Der Abstieg in das Reich der Toten

Man kann sich lebhaft vorstellen, wie es Odysseus und seine Gefährten bei der Vorstellung schaudert, in diese dunklen Bereiche der Welt, in den Hades, hinabzutauchen.

Homer beschreibt die Gefühle des Odysseus wie folgt

Weinend sass ich auf Kirkes Bett, und wünschte, nicht länger
Unter den Lebenden hier das Licht der Sonne zu schauen.
Und gleich darauf, etwas gefasster
Kirke, wer soll mich denn auf dieser Reise geleiten?
Noch kein Sterblicher fuhr im schwarzen Schiffe zum Hades
Odyssee, 10. Gesang, ab Vers 497

Doch Kirke beruhigt ihn mit folgenden Worten

Mach dir keine Sorgen um einen Führer des Schiffes.
Hast du den Mast gestellt und die hellen Segel gebreitet,
Setze dich hin, und des Boreas Hauch wird treiben dein Fahrzeug
Odyssee, 10. Gesang, Vers 505 – 507

Die Unterwelt ist demzufolge ein Ziel, das man absichtlich

oder willentlich nicht anstreben kann, sondern es liegt in der Macht der Götter, hier durch den Nordwind symbolisiert, dass ein Sterblicher in diese Gefilde gelangt.

Kirke gibt ihm noch einige geografische Hilfen und was noch wichtiger erscheint, Verhaltensmassregeln für den Umgang mit dem Seher Teiresias und generell mit den bleichen Schatten der Verstorbenen.

Odysseus trommelt vehement die Gefährten zusammen.

Leider passiert noch ein Unglück. Einer der Griechen mit Namen Elpenor hat es sich leicht angesäuselt auf dem kühlenden Dach bequem gemacht. Der plötzliche Ruf zum Aufbruch schreckt ihn hoch. Noch etwas benommen, und ohnehin nach Homers Angaben der Intelligentesten einer nicht, fällt er vom Dach und bricht sich den Hals.

Wieder ein Mann weniger.

Ohne Magie und ohne ein Ritual sei dem Seher Teiresias nicht beizukommen bzw. ihm etwas zu entlocken. Daher spendiert ihnen Kirke ein schwarzes männliches und ein weibliches Schaf für diese Zwecke.

Zum Abschied schmückt sich Kirke mit einem silbernen Gewand. Um die Hüfte schlingt sie einen goldenen Gürtel und ihr Haupt krönt sie mit einem Schleier. Odysseus wird sie sicher in guter Erinnerung behalten.

Ein langes Kapitel beginnt nun – eines der längsten und zugleich schauerlichsten

Abenteuer der Odyssee.

Die Achaier landen an den dunklen Gestaden des Hades.

Nur wenigen war es vergönnt, diese Gefilde zu sehen und trotzdem wieder an die Oberwelt zu gelangen.

Einer davon war Orpheus, der seine geliebte Eurydike, die

an einem Schlangenbiss gestorben war, mit seiner zu Herzen gehenden Musik fast befreit hatte.

Ein anderer war Herakles, dem es als einer seiner zwölf Aufgaben gelang, den dreiköpfigen Höllenhund Kerberus für kurze Zeit zu entführen.

Odysseus hält sich genau an die Anweisungen von Kirke und hebt als erstes mit dem Schwert eine Grube aus, eine Elle im Quadrat.

Hinein schüttet er Honig und Milch, dann süssen Wein und Wasser, schlussendlich streut er weisses   Mehl darüber.

Aber es fehlt noch etwas: Das Blut. Denn wie sagte schon Mephistopheles im Studierzimmer zum Faust:

Blut ist ein besondrer Saft.

Das gilt besonders für die Unterwelt, in der die Seelen der Verstorbenen blutleer und bleich dahinvegetieren.

So nimmt denn Odysseus die beiden Schafe und schneidet ihnen über der Grube die Kehle durch.

Kaum ist das Blut in die Grube gelangt, da kommen die bleichen Seelen zuhauf und lechzen nach dem Blut. Lassen wir dazu am besten Homer selbst eindrucksvoll zu Worte kommen:

Da versammelten sich aus der Tiefe die Seelen der Toten,
Bräute und junge Männer, und Greise, die vieles erlitten.
Und jungfräuliche Mädchen, die frische Trauer im Herzen,
Viele Verwundete auch, von erzenen Waffen getroffne
Männer, gefallen im Kampf, mit blutbesudelter Rüstung.
Deren viele umschwärmten die Grube von hier- und dorther
Mit unendlichem Schreien, da packte mich bleiches Ent-
setzen
Odyssee, 11. Gesang, Vers 37 – 43

Schnell eilt Odysseus hinzu und zieht das Schwert, um die Luftgebilde der Toten davon abzuhalten, sich in die Grube mit der Lebensessenz Blut zu stürzen. Die erste Seele, die Odysseus erspäht, ist die des auf der Insel der Kirke kurz vor der Abfahrt umgekommenen Elpenor. Ihm verspricht er ein ordentliches Begräbnis, sobald sie wieder an der Oberwelt sind. Traurig wünscht sich Elpenor als letzte Liebesgabe das Ruder als Grabschmuck, an dem er auf dem Schiff gesessen hatte.

Dann nähert sich die Seele seiner Mutter Antikleia, die noch lebte, als er nach Troja aufbrach. Weinend und erschüttert hält Odysseus sie erst einmal davon ab, vom Blut zu trinken, bevor er nicht den Teiresias gefragt hat.

Dann erscheint die Seele des alten Teiresias mit einem goldenen Stab.

Teiresias nimmt unter den bleichen Schatten der Unterwelt eine Sonderstellung ein.

Dem blinden Seher aus Theben sind – so Homer – seine Sinne geblieben und Persephone gab ihm Verstand und reges Bewusstsein noch im Tode.

Das im Leben nicht vorhandene physische Sehen ist im Hades in ein Sehen zukünftiger Ereignisse gewandelt.

Odysseus befindet sich an dieser zeitlichen Stelle an einem entscheidenden Punkt. Es ist ein Blick zurück auf Erlebtes, auf Kampfgefährten vor Troja und zugleich erwartet ihn eine Prophezeiung über das vor ihm liegende Geschick.

Von herausragender Bedeutung ist das In-Kontakt-Treten mit einem anderen Bewusstsein, dem die Gnade des Sehens in die Zukunft gewährt wurde.

Dieses Geschenk an Odysseus deutet darauf hin, dass er sich jetzt an einem Brennpunkt zwischen Gestern und Morgen befindet.

Ein Teil der zu bewältigenden Aufgaben liegt hinter ihm – oder soll man es gleich als Prüfungen auf einer Lebensreise bezeichnen?

Nachdem Teiresias vom Blute getrunken, also Lebenssaft zu sich genommen hat, hebt er an, dem Odysseus „Untrügliches" zu sagen.

Glückliche Heimfahrt suchst du, o weitberühmter Odysseus;
Aber sie wird dir ein Gott schwer machen, denn nimmer ent-
rinnen
Wirst du dem Erderschütterer. Er trägt dir heimlichen Groll
nach,
Zürnend, weil du den Sohn des Augenlichtes beraubt hast.

Und er schiebt gleich eine Warnung hinterher

Dennoch kämet ihr einst, obzwar unglücklich, zur Heimat,
Möchtest du nur dein Herz und deiner Freunde bezähmen
Odyssee, 11. Gesang, Vers 100 – 105

In dieser Nachtfahrt der Seele erfährt Odysseus einiges über seine Zukunft. Teiresias prophezeit ihm noch einige schwierige Prüfungen, die es zu bestehen gilt.

Sollte die nächste grosse Prüfung nicht bestanden werden, so droht seinen Gefährten Unheil und auch dem Schiff. Und selbst, wenn er diese schwierige Phase überleben sollte, so wird er nach langer Zeit unglücklich und vor allem allein auf Ithaka ankommen.

Eine düstere Prognose!

90

Besonders die Aussage „allein" ist psychologisch sehr wichtig, da es eine Art Hinweis auf die noch zu bewältigenden Aufgaben im Sinn einer Klärung und Läuterung der noch in Odysseus wohnenden negativen Seelenanteile ist, die es noch abzulegen gilt.

Noch etwas Erstaunliches steht in den Weissagungen des Teiresias.

Darauf geht Homer aber am Ende seines Epos nicht mehr direkt ein, sondern er lässt es Odysseus nur erzählend an Penelope weitergeben.

Nachdem Odysseus all das erledigt hat, was er zu Hause zu absolvieren hat (darauf wird in einem der weiteren Kapitel ausführlich eingegangen), ist offenbar seine Lebensreise noch nicht zu Ende.

Lassen wir dazu wieder Homer zu Worte kommen:

Siehe, dann nimm in die Hand ein geglättetes Ruder, und
gehe
Fort in die Welt, bis du kommst zu Menschen, welche das
Meer nicht
Kennen, und keine Speise gewürzt mit Salz geniessen,
Welchen auch Kenntnis fehlt von rotgeschnäbelten Schiffen,
Und von geglätteten Rudern, den Fittichen eilender Schiffe.
Deutlich will ich sie dir bezeichnen, dass du nicht irrst
Odyssee, 11. Gesang, Vers 121 – 126

Odysseus also als Metapher des Nie-Abgeschlossenen, als Ausdruck des ewig wandernden Menschen, der getreu der Devise des Vorsokratikers Heraklit „Panta rhei" – „Alles fliesst" – „Nichts ist in Ruhe" seine Lebensbahn zieht oder ziehen muss.

Oder etwas moderner formuliert: Das einzige Beständige im Leben des Menschen ist die Veränderung. Odysseus ist ein ewig Wandelnder – ein ewig Wandernder. Diese Veränderung muss jedoch nicht zwingend in einer geografischen Reise bestehen.

Jedoch scheint Homer diese Weissagungen am Ende der Odyssee nicht wieder wörtlich aufzugreifen und lässt das Epos auf Ithaka enden.

Das hat auch etwas Tröstliches, etwas Warmes für den Zuhörer, dass man auch einmal zur Ruhe kommen kann und nicht zum Schluss, nach all den Entbehrungen und Qualen nicht schon wieder auf die Reise geschickt wird, sondern zumindest für eine Weile die eigene Familie, Frau und Sohn, freudig in den Armen halten kann.

Denn auch die letzten Worte Teiresias' haben einen tröstlichen Charakter.

> ....*Zuletzt wird ausser dem Meere*
> *Kommen der Tod, und dich, vom hohen behaglichen Alter*
> *Aufgelösten, sanft hinnehmen, wenn ringsum die Völker*
> *Froh und glücklich sind. Nun hab ich dein Schicksal verkündet.*
> *Odyssee, 11. Gesang, Vers. 134 – 138*

Teiresias wendet sich wieder um und kehrt zurück in die Wohnung des Hades.

Nun nähert sich wieder seine Mutter. Nachdem er ihr jetzt erlaubt hat, von dem Blut zu trinken, gibt sie ihm Auskunft darüber, was bis zu ihrem Tod auf Ithaka geschehen ist. Sie berichtet über Penelope, wie sie des nächtens Tränen vergiesst. Und über den Vater Laërtes, der aus Gram und Trübnis aus dem Palast gezogen ist und nunmehr mit seinen Knechten zusammen haust.

Schliesslich bekennt sie, dass nicht Krankheit oder irgendeine Verletzung ihrem Leben ein Ende bereitet hat, sondern es ist ausschliesslich die Trauer und die Gram über den verloren geglaubten (einzigen) Sohn.

Odysseus ist gerührt.

Also sprach sie; da schwoll mein Herz vor inniger Sehnsucht,
Sie zu umarmen, die Seele von meiner gestorbenen Mutter.
Dreimal sprang ich hinzu, an mein Herz die Geliebte zu
drücken;
Dreimal entschwebte sie leicht, wie ein Schatten oder ein
Traumbild,
Meinen umschlingenden Armen; und stärker ergriff mich
die Wehmut
Odyssee, 11. Gesang, Vers 204 – 208

Doch Odysseus muss erkennen, dass hier unten andere Gesetze gelten.

Nichts ist mehr mit den Händen zu greifen – der Tod wandelt alles. Die folgenden Worte der Mutter, bevor sie wieder in das Reich des Todes zurückkehrt, sind wert, zitiert zu werden

.....dies ist das Los der Menschen, wenn sie gestorben.
Denn nicht Fleisch und Gebein wird mehr durch Nerven
verbunden,
Sondern die grosse Gewalt der brennenden Flamme

verzehret

Alles, sobald der Geist die weissen Gebeine verlassen.
Und die Seele entfliegt, wie ein Traum, zu den Schatten
der Tiefe.
Odyssee, 11. Gesang, Vers 218 – 222

Nun nähern sich eine Reihe von Seelen, die zum einen der griechischen Mythologie entstammen, zum andern Weggefährten aus der Zeit des Trojanischen Krieges sind.

Wir wollen sie nicht alle aufzählen. Nur einige scheinen erwähnenswert.

Alkmene schaut vorbei, die Gattin Amphitryons, die durch eine List des Göttervaters die Mutter des Herakles wurde.

Dann erblickte Odysseus Iokaste, die unglückliche Mutter des Oidipus.

Was hatte sie alles zu vergessen! Schliesslich hatte sie in Unkenntnis der göttlichen Zusammenhänge das Lager mit ihrem Sohn geteilt, nachdem dieser ihren Mann, seinen Vater Laios, den König von Theben, getötet hatte.

Liest man die Odyssee weiter, so könnte man fast meinen, Odysseus sei auf Staatsbesuch im Hades und die Ehemaligen treten zum Defilee an.

Als sich auf einen Befehl hin die Seelen der Frauen in die Tiefe zerstreuten, da kam die Seele des Atriden Agamemnon trauernd daher. Odysseus ist erstaunt, ihn bereits unter den Seelen des Hades zu finden und fragt neugierig nach der Ursache seines Todes.

„Nein" so gibt ihm Agamemnon zur Antwort „nicht die Meeresstürme des Poseidon brachten meinen Tod noch andere feindliche Männer!"

Aigisthos im Verbund mit seiner eigenen Frau Klytaimnestra

bereitete ihm den Tod.

Homer lässt den Anführer der Griechen voller Empörung berichten, dass es für einen Mann eine Ehre sein kann, im Feld oder im Zweikampf zu fallen. Aber hinterrücks meuchlerisch bei einem Festmahl getötet zu werden, das liess ihm auch im Hades keine Ruhe. Bei den nächsten Zeilen muss man wissen, dass Agamemnon die Tochter des Königs Priamos von Troja als Trophäe mit nach Hause brachte. Hier sein Bericht:

Jämmerlich hört ich vor allen Kassandra, Priamos' Tochter,
Winseln, es tötete sie die tückische Klytaimnestra
Über mir; da erhob ich die Hände noch von der Erde,
Und griff sterbend ins Schwert der Mörderin. Aber die Freche
Ging von mir weg, ohne einmal die Augen des sterbenden Mannes
Zuzudrücken, noch ihm die kalten Lippen zu schliessen.
Nichts ist scheusslicher doch, nichts unverschämter auf Erden
Als ein Weib, entschlossen zu solcher entsetzlichen Schandtat.
Odyssee, 11. Gesang, Vers 421 – 427

Ja, so grausam können Ehefrauen sein. Nicht einmal die Augen verschliesst Klytaimnestra ihrem ermordeten Mann.

Odysseus klagt darüber, wie viele doch Helenas wegen gestorben sind.

Zum Abschluss kann Agamemnon nicht umhin, dem Odysseus noch ein paar Ratschläge für den Umgang mit dem weiblichen Geschlecht mitzugeben, die nicht unerwähnt bleiben sollen, auch wenn es vielleicht der einen oder anderen Leserin nicht so sympathisch ist

Lass deshalb auch du von dem Weibe nimmer dich lenken,
Und vertrau ihr nicht aus Zärtlichkeit jedes Geheimnis,
Sondern verkündige dies, und jenes halte verborgen!
Aber Odysseus, du wirst nicht sterben durch deine Gemahlin;
Denn sie ist rechtschaffen, und Weisheit adelt die Seele
Von Ikarios' Tochter, der klugen Penelopeia.
Odyssee, 11. Gesang, Vers 441 – 446

Danach treten die grossen Helden des Krieges an Odysseus heran. Als erste die Seele des Achilles, begleitet von Patroklos, Antilochos und des gewaltigen Ajax.
Achilles ist erstaunt, ihn hier unten zu sehen, in der Tiefe, wie er sagt, wo Tote nichtig und sinnlos wohnen. Odysseus erklärt ihm die Beweggründe.
Zugleich lobt er die glorreichen Taten des grossen Achilles. Und jetzt, so fährt er fort, herrsche er immerhin machtvoll über die Seelen der Toten.
Doch Achilles antwortet mit den wohl eindrucksvollsten Worten, zu denen er fähig ist:

Tröste mich nicht, Odysseus, strahlender, über den Tod weg.
Lieber wollte ich als Tagelöhner den Acker bestellen
Bei einem armen Mann, der nicht viel hat an Besitztum,
Als über alle die Toten, die hingeschwundenen, herrschen.

96

Odyssee, 11. Gesang, Vers 488 – 491

Ajax zürnt dem Odysseus noch immer, da er in einem Recht-
streit um die Waffen des Peliden Achilles unterlag und sich im
Wahnsinn selbst tötete. Kein Wort richtet er an Odysseus, sondern er verschwindet wieder mit den Seelen der anderen im
Dunkel des Hades.

Die Galerie der mythischen Gestalten geht noch weiter.
Odysseus sieht den sagenhaften König Minos. Er erspäht noch
Tantalos, noch immer an seinen Qualen leidend: Er steht bis
zum Hals im Wasser.

Versucht er zu trinken, so schwindet das Wasser. Über ihm
hängen die schönsten Früchte, jedoch vermag er nicht eine zu
erhaschen.

Desgleichen müht sich Sisyphos noch immer, die Strafe der
Götter abzusitzen, der Stein rollt immer wieder nach unten.

Unsere Nachwelt hat ihm ein Wort-Andenken bewahrt, indem
sie für eine mühevolle Tätigkeit den Begriff der Sisyphos-Ar-
beit kreierte.

Die Schar der blassen Seelen wird immer grösser, so dass es
Odysseus langsam unheimlich wird und er voller Furcht auf
das Schiff flieht, und erst rudernd, dann Segel setzend das
Weite sucht.

Die verlockenden Gesänge der Sirenen

Es galt noch ein Versprechen einzulösen – den Begräbnis-
Wunsch des Gefährten Elpenor, der, noch vom abendlichen
Rausch benommen, vom Dach von Kirkes Haus fiel und des-
sen frisch angekommene Seele den Gefährten als erstes im

Hades begegnete.

So fährt Odysseus mit seinen Mannen zurück nach Aiaia, der Insel der Zauberin Kirke. Dort legten sie sich an den Strand zum Schlummern und harrten – wie Homer es formuliert – der heiligen Frühe, die dann mit Rosenfingern erwacht. Gemeint ist Eos, die Göttin der Morgenröte, die Homer immer wieder als die Rosenfingrige herrlich bildhaft tituliert.

Auf der höchsten Erhebung der Insel errichten sie einen Holzstoss und verbrennen den Leichnam Elpenors mitsamt seiner Rüstung. Auf sein Grab pflanzen sie wie erbeten, sein Ruder.

Natürlich war Kirke die Ankunft der Männer nicht verborgen geblieben.

Als die Gefährten so am Strand sitzen, fährt plötzlich einer hoch: „Riecht ihr nichts, es riecht herrlich nach Gebratenem!". Welch ein wundervoller Duft nach dem gruseligen Intermezzo in der Unterwelt.

Und in der Tat – da erschien sie schon, Kirke, die jetzt so Gewandelte und Fürsorgliche.

Geschmückt nähert sie sich mit ihren Mägden der Mannschaft. Als Festmahl für die Männer bringen sie Gebackenes, Fleisch und roten Wein. Ihre Worte:

Arme, die ihr lebendig in Hades' Wohnung hinabfuhrt!
Zweimal schmeckt ihr den Tod, den andere nur einmal empfinden
Odyssee, 12. Gesang, Vers 21 u. 22

Nach dem opulenten Festmahl legen sich die Männer abends am Schiff zur Ruhe.

Die Schöne hingegen führte Odysseus zu sich und erkundigte sich nach seinem Erlebnis im Hades.

Dann gibt sie ihm Hinweise auf das, was ihn als nächstes erwarten wird und wie er den Gefahren aus dem Weg gehen kann. Wie man sieht, sind die Mahnungen Agamemnons an Odysseus etwas übertrieben und nur aus seiner Enttäuschung heraus zu verstehen, denn Kirke erweist sich als wahre Helferin ohne Lug und Trug.

Eine neue Prüfung steht nämlich den Mannen und besonders Odysseus bevor.

Es sind die Sirenen

............................diese bezaubern
Alle sterblichen Menschen, wer ihre Wohnung berühret
Welcher mit törichten Herzen hinanfährt und der Sirenen
Stimme lauscht, dem wird zu Hause nimmer die Gattin
Und unmündige Kinder mit freudigem Grusse begegnen;
Denn es bezaubert ihn der helle Gesang der Sirenen,
Die auf der Wiese sitzen, von aufgehäuften Gebeine
Modernder Menschen umringt, und ausgetrockneten Häu
ten
Odyssee, 12. Gesang, Vers 38 – 46

Was also tun, um diese Gefahr umschiffen? Kirke weiss Rat.

Denn die Sirenen stellen eine völlig andere Qualität der Prüfung dar. Mit ihrem süssen Gesang verzaubern sie die Herzen und das Gemüt der Seeleute, dass sie nicht anders können, als die Insel anzusteuern. Sie sind ihnen regelrecht verfallen.

Doch nie wurde einer der Männer wiedergesehen. Ihre Knochen bleichen in der Sonne auf denen anderer Opfer.

Zu den Sirenen gilt es noch einiges zu sagen.

Es ist einmal die Anzahl. Keineswegs ist es so, dass auf der Insel ein ganzer Chor voller Sopranistinnen seine Verführungsgesänge anstimmt, so etwas wie die antiken femininen Fischerchöre. Nein, obwohl einige Autoren ihre Zahl mit vier beziffern: Bei Homer sind es nur zwei – aber

augenscheinlich haben sie eine derartige durchdringende Lautstärke, dass man sie auch draussen auf dem vorbeifahrenden Schiff schwerlich überhören kann und es nach mehreren klingt.

Einige spätere Homer-Leser haben die Odyssee auf ihre Weise interpretiert und den Sirenen eine neue Gestalt gegeben, obwohl Homer nicht mit etwas Derartigem aufwartet. Auf Vasen und Bildern erscheinen die Sirenen als Wesen mit einem Vogel-Unterkörper und dem Oberkörper einer Frau.

Andere stellen sie in ihrer Phantasie als Engelswesen mit Harfen dar.

Wie es zu dieser Transformation der Gestalten kam, ist mir nicht bekannt.

Aber die zweite Interpretation käme aus meiner Sicht schon eher in Betracht. Die erste Betrachtung wäre etwas eigenartig, denn solche Mischwesen aus Vogel und Mensch passen eigentlich gar nicht zu einem solch betörenden Gesang. Es sei denn, man orientiert sich an Nachtigallen. Sicher gibt es irgendwo noch weitere Variationen zu diesem Thema, denn Homer konnte gerade in seiner „Odyssee" die Phantasie der Leser so herrlich beflügeln.

Den meisten Lesern des Werkes ist mit Sicherheit nicht aufgefallen, dass wir in unserer Alltags-Umwelt noch immer eine Beziehung zu den Sirenen haben.

Nicht zu jenen Fabelwesen der Antike, sondern zu einer Neu-
schöpfung des beginnenden Industrie-Zeitalters. Es ist eine
französische Erfindung – jene Signalgeber oder Signalpfeifen,
die in den Fabriken eingesetzt wurden. Weiterhin bezeichnete
man die Nebelhörner der Schiffe als Sirenen.

Erst im 20. Jahrhundert wurde die Sirene speziell für den zi-
vilen Luftwarndienst eingesetzt – ein furchtbar durchdringen-
des Geräusch, das keiner vergisst, der es noch im Krieg beim
Anflug der alliierten Bomber authentisch miterlebt hat. Aber all
diese Warnvorrichtungen haben aber auch gar nichts mehr ge-
mein mit den betörenden Gesängen der antiken Sirenen, an die
sich der französische Erfinder der Sirene namensmässig, aber
in keinster Weise klangmässig angelehnt hat.

Keinem Seemann würde es im Traum einfallen, wegen einer
Sirene (oder gar zwei wie bei Homer) eine Insel anzusteuern.

Kehren wir zurück zum abendlichen Plausch zwischen Odysseus und Kirke. Ob da mehr als nur das gewesen ist – Homer
hält sich da dezent höflich zurück, er spricht nur davon, dass
Kirke sich neben Odysseus niederlegt.

Wie dem auch sei – Kirke gibt in weiser Vorausschau einige
Verhaltenstips.

Um nicht den Lockrufen der Sirenen zu erliegen, möge er
seinen Männern die Ohren mit Wachs dicht verstopfen. Und er
selbst möge – um die Gesänge zu hören und ihnen aber zu widerstehen – sich an den Mast des Schiffes binden lassen. Sollte
ihm aber danach gelüsten, sich losbinden zu lassen, so sollten
ihn die Gefährten nur noch fester anbinden.

Es folgen noch einige weitere Verhaltensratschläge, diese
sind aber den nächsten Kapiteln mit ihren dort auszustehenden
Gefahren vorbehalten.

Am nächsten Morgen bricht die Mannschaft auf. Kirke schickt noch als Zugabe eine flotte Brise hinterher, so dass die Segel sich fröhlich blähen.

Jetzt erst weiht Odysseus seine Mannen in die Gefahren ein. Mit aller ihm zur Verfügung stehenden Überzeugungskraft weist er sie an, sich die Ohren mit dem antiken Ohropax verstopfen zu lassen und ihn, dem es allein erlaubt ist, den Gesang der Sirenen zu hören, so fest wie möglich an den Mastbaum zu binden.

Plötzlich ruhte der Wind – die Männer falteten die Segel zusammen und schwangen sich kraftvoll an die Ruder.

Kaum hatten die Sirenen das Schiff erblickt, stimmten sie ihren hellen Gesang an:

Komm, besungener Odysseus, du grosser Ruhm der Achaier!
Lenke dein Schiff an Land, und horche unserer Stimme,
Denn hier steurte noch keiner im schwarzen Schiffe vorüber,
Eh er dem süssen Gesang aus unserem Munde gelauschet;
Und dann ging er von hinnen, vergnügt und weiser wie
vormals.
Odyssee, 12. Gesang, Vers 184 – 188

Und siehe da – auch Odysseus erliegt ihren verlockenden Tönen. Sein Herz, wie er sagt, wollte mehr davon hören. Wer hört nicht gern solche Schmeicheleien?

Aber seine beiden Gefährten Eurylochos und Perimedes binden ihn nur noch fester an den Mastbaum und die Ruderer legen noch einen Schlag zu, um ausser Hörweite zu kommen.

Wenn man es so recht bedenkt, ist Homer ein weiser vorausschauender Poet gewesen. Die Signal-Sirenen der heutigen

Zeit sind sicher ein sprachlicher Abkömmling der antiken homerischen Sirenen, aber nur sprachlich und dazu etwas allzu banal.

Weitaus interessanter sind die echten Sirenen der Neuzeit, die Homer nicht ahnen, aber auf seine Zeit gemünzt, nur als lockende Wesen beschreiben konnte.

Hören, lesen und sehen wir sie nicht auch jeden Tag – die modernen Sirenen der Reklame und der Anzeigen? Kauf das, erwirb dies, buche diese Reise, schliesse diesen Vertrag ab und so weiter und du wirst glücklich oder zufrieden sein!

Viele Menschen unserer Zeit sind in der Lage, symbolisch ihre Ohren mit Watte zu verschliessen, indem sie auf diese Lockangebote nicht eingehen, an ihnen vorübergehen oder das Sinnvollste tun, nämlich alles entweder in den physischen Papierkorb zu werfen oder im mentalen Papierkorb zu löschen.

Schwächere Naturen haben niemanden, der sie an einen Mastbaum fesselt.

Sie erliegen den Anpreisungen und Angeboten.

Bekanntlicherweise ist das, was man als Glück bei etwas Neuem empfinden kann, sehr schnell wieder Schnee von gestern und die Suche beginnt von neuem. Und so landen diese empfänglicheren Naturen zwar nicht auf der Insel der Sirenen mit ihren bleichenden Knochen, sondern in einer moderneren Form von Sirenentum, die man heute ganz banal als Schuldenfalle bezeichnet.

Von diesen Inseln kommt man dann so schnell nicht wieder herunter.

So etwas konnte Homer nicht vorausschauen, wie sollte er es auch vor zweitausendachthundert Jahren!

Skylla und Charybdis

Die Sirenen sind überstanden. Aber damit ist die Phalanx der Gefahren noch lange nicht am Ende.

In Gedanken begeben wir uns wieder zurück auf die Insel Aiaia.

Da liegen sie nun, Odysseus und Kirke, beide auf den Ellenbogen aufgestützt und einander zugewandt.

Nach der Prophezeiung der Sirenen-Gefahren fährt Kirke fort, die zu bestehenden lebensgefährlichen Abenteuer aufzuzählen.

Zwei verschiedene Wege sind es. Einmal überhängende Klippen und Felsen, gegen die das Meer mit grosser Wucht schäumt und die nicht einmal von den scheuen Tauben des Göttervaters durchquert werden können.

Diese gilt es tunlichst zu meiden.

Aber dann wird es erst recht gefährlich. Es gilt zwei gefährliche Felsen zu durchschiffen. Der eine ragt steil bis in den Himmel empor, immer von einer dunklen Wolke bekrönt. Kein Mensch kann diesen Gipfel bezwingen, selbst wenn er – wie Homer schreibt – zwanzig Hände und Füsse hätte, so glatt ist dieser Fels.

Droben, in einer Höhle, haust das fürchterliche Ungeheuer Skylla mit einer Stimme, die wie das Winseln junger Hunde klingt.

Ihre Gestalt ist abstossend und schrecklich, dass selbst Götter bei ihrem Anblick erschrocken zurückfahren.

Dieses Scheusal besitzt zwölf grässliche Klauen und sechs Hälse von erstaunlicher Länge. An jedem Hals sitzt ein grausiger Kopf mit je drei Reihen spitzer Zähne, die sie als tödliche

Waffe einsetzt.

Bis zur Mitte hängt sie in der Höhle, während ihre Köpfe ständig auf der Suche nach Delphinen und anderem Seegetier sind. Noch nie konnte ein Schiff dieses Ungeheuer passieren ohne dass es mit seinen Köpfen sich je einen Mann schnappte.

Aber das ist noch nicht alles.

Auf der anderen Seite, an einem niedrigen Felsen, lauert unter einem dichtbelaubten Feigenbaum ein ebenso gefährliches Ungetüm mit Namen Charybdis, die wasserstrudelnde Göttin.

Dreimal am Tage schlurft sie das Meerwasser ein und spuckt es dann mit gewaltigem Getöse wieder aus. Wehe dem, der in diese Urgewalten hinein gerät – selbst Poseidon, der Herrscher der Meere, könnte nur schwerlich etwas Rettendes für ihn tun.

Keine rosigen Aussichten für Odysseus.

Wenig tröstlich ist auch die Empfehlung von Kirke, eher am Felsen der Skylla entlangzufahren als beim Strudel der Charybdis. Im Originaltext heisst es

.................................*Es ist doch besser, Odysseus,*
Sechs Gefährten im Schiff zu vermissen als alle mit einmal
Odyssee, 12. Gesang, Vers 109 – 110

Keine verlockende Prognose! Doch der Kämpfer Odysseus gibt sich damit aber nicht zufrieden. Wozu haben er und seinen Mannen denn Schwerter, Lanzen und Pfeile, um wenigstens der grausamen Skylla den Garaus zu machen.

Doch Kirke warnt ihn, denn Skylla ist ein unsterbliches Ungeheuer.

Sobald sie die ersten sechs Männer geschnappt hat, hilft nur die schnelle Flucht und zusätzlich die Göttin Krataïs, Skyllas Mutter, anzurufen und von ihr mässigenden Einfluss auf ihre Tochter zu erbitten.

So weit die Warnung der schöngelockten Kirke.

Die Insel der Sirenen liegt weit hinter ihnen und es gilt für Odysseus und seine Mannen die nächste Prüfung zu bestehen.

Um seine Gefährten durch das unvermeidliche Unglück nicht zu ängstigen, hat der Listenreiche ihnen kein Sterbenswörtchen über das ihnen Bevorstehende verlauten lassen. Wer weiss, vielleicht hätten sie ihm die Gefolgschaft verweigert. Ja, er versucht sogar, die Gefahr etwas herunterzuspielen, indem er die nächste Prüfung als nicht schwerer als das Abenteuer beim Kyklopen Polyphem angibt. Seine Worte:

Dennoch entflohn wir auch jener durch meine Tugend und
Weisheit,
Und ich hoffe, wir werden uns einst auch dieser erinnern.
Odyssee, 12. Gesang, Vers 211-212

Gar nicht eingebildet, würde man aus heutiger Sicht sagen.

Odysseus setzt sich sogar über den Ratschlag Kirkes hinweg und gürtet sich mit Schwert und Speeren und steigt, fast wie eine Galionsfigur, aufs Vorderdeck, um dem Ungeheuer Skylla ins Auge zu sehen.

Auf der anderen Seite produziert Charybdis ihre schrecklichen Geräusche.

Tosend saugte sie das Meer ein, so dass man unten am Schlund des Trichters die schwarzen Kiesel sehen konnte. Wenn sie das Wasser wieder ausspie, dann brauste und zischte es so gewaltig wie ein Riesenkessel auf flammendem Feuer.

Bleiches Entsetzen und Todesangst erfüllte die Männer beim Hinschauen auf dieses gewaltige Spektakel.

Die folgenden Beschreibungen Odysseus' (oder Homers) sind so ergreifend und plastisch beschrieben, dass sie im Original anklingen sollen.

Während wir in der Angst des Todes alle dahinsahn,
Neigte sich Skylla herab, und nahm aus dem Raume des Schiffes
Mir sechs Männer, die stärksten an Mut und nervichten Armen.
Als ich jetzt auf das eilende Schiff und die Freunde zurücksah,
Da erblickt ich schon oben die Händ' und die Füsse der Lieben,
Die hoch über mir schwebten; sie schrien und jammerten alle
Laut und riefen mich, ach! zum letztenmale! beim Namen.
Wie im Vorgebirge mit langer Rute der Fischer
Lauernd den kleinen Fischen die ködertragende Angel
An dem Horne des Stiers hinab in die Fluten des Meeres
Wirft , und zappelnde Beute geschwind ans Ufer hinauf schwenkt:
Also wurden sie zappelnd empor an dem Felsen gehoben.
Dort in der Höhle frass sie das Ungeheuer, und schreiend
Streckten jene nach mir in der grausamen Marter die Hände 'aus.
Nichts Erbärmlichers hab ich mit meinen Augen gesehen,
So viel Jammer mich auch im stürmenden Meere verfolgte!
Odyssee, 12. Gesang, Vers 244 – 259

Das Häuflein der Gefährten wird immer kleiner. Wieder ist ihre Anzahl um sechs geschrumpft, und es sind gar die stärksten, wie Odysseus erzählt.

Odysseus war gewarnt und wusste, dass es nicht ohne Opfer abgehen würde. Aber er hatte keine Wahl. Er musste sich so entscheiden. Charybdis hätte aller Männer Untergang bedeutet.

Mit äusserster Kraft rudern die Überlebenden davon – um aber gleich in die nächste Prüfung einzutauchen.

Wie so vieles aus der Antike haben wir in unserem heutigen Sprachgebrauch, zumindest bei denjenigen, die noch etwas davon verstehen, den beiden Ungeheuern Skylla und Charybdis ein verbales Denkmal gesetzt.

Immer dann, wenn man vor einer Entscheidung zwischen zwei Lösungen steht, die uns beide nicht ganz ungeschoren davonkommen lassen und wir nach derjenigen mit der geringsten Blessur suchen, dann sprechen wir von einer Passage oder einem Drahtseilakt zwischen Skylla und Charybdis.

Es gibt kein Entweichen, ebenso wie der Drahtseilartist nicht ewig auf seinem Seil hocken oder stehen bleiben kann, sondern sich für einen der beiden Endpunkte entscheiden muss.

So manche Menschen glauben blauäugig, dass man sich bequem durchs Leben lavieren kann, indem man opportunistisch jedweder Prüfung – oder nennen wir es gleich Gefahr – aus dem Wege geht.

Das Leben, oder nennen wir es die Natur oder, auch wenn es etwas pathetisch klingt, die Evolution mag diese „Lauen" nicht. Schon Jesus sagte, er wolle sie aus seinem Munde ausspeien.

Das Leben strebt nach Entwicklung, einem geheimen, uns

Menschen nicht immer ersichtlichen Plan zufolge. Das bedeutet, der Mensch ist nicht zufällig hier auf diesem Planeten angesiedelt, um nur im Liegestuhl oder am Meeresstrand seine Tage zu verbringen. Nein, im Grunde ist jeder aufgefordert, am geheimen Plan Gaia im Rahmen seiner Möglichkeiten mitzuarbeiten.

Offenbar kennt die Evolution auch gewisse Strafmuster – so wollen wir es einmal ganz neutral bezeichnen – für alle jene, die sich diesem unbekannten Ziel nicht unterordnen oder auf dem Weg der Bequemlichkeit durchs Leben schleichen.

Daher soll immer wieder darauf hingewiesen werden, dass die Odyssee kein antiker Abenteuerroman in Versen ist, sondern einen Lebensweg aufzeichnet und vorgibt.

Die Rinder des Sonnengottes Helios

Die nächste Station ist die Insel Thrinakia. Auch hier trägt Odysseus einige Empfehlungen und Unterweisungen von Kirke im Gepäck.

Der Sonnengott Helios weidet auf diesem Eiland seine wohlgenährten Rinder- und Schafherden.

Insgesamt sind es sieben Herden der Rinder und sieben der Schafe (die mythische Zahl sieben taucht hier wieder auf). Und genau abgezählt gehören zu jeder Herde genau fünfzig Tiere, die sich nie vermehren und auch nie verringern.

Götter haben eben die Möglichkeit, ihre Unsterblichkeit auch auf andere Lebewesen zu übertragen.

Wenn Odysseus und seine Freunde diese verschonen, so werden sie zwar unglücklich und von Leiden geplagt, aber nach Ithaka zurückkehren.

Sollten sie aber nicht widerstehen können und sich an den heiligen Tieren vergreifen, so prophezeit Kirke dem Schiff Verderben und ihm eine späte, alleinige Rückkehr ohne die Gefährten.

Jetzt eilen die Männer zum Schiff und Kirke, die hehre melodische Göttin, schickte ihnen wie schon beschrieben als gütige Zugabe einen günstigen Wind, der die Segel anschwellen liess.

Die Sirenen sind überstanden, die Durchfahrt durch die Enge zwischen Skylla und Charybdis hat zwar Opfer gefordert, aber einige kamen durch und nun nähern sie sich der herrlichen Insel des Sonnengottes.

Schon von weitem hört man das Gebrüll der Rinder und das Geblök der Schafe. Nachdenklich ruft sich Odysseus die Weisungen des blinden Sehers Teiresias und auch Kirkes Warnung ins Gedächtnis und versucht es, seinen Gefährten zu verdeutlichen.

„Hört her, Männer", so hub er vorsichtig an, „denkt an die Worte des blinden Sehers. Und damit nicht genug, auch Kirke riet mir, diese Insel zu meiden, um nicht der Versuchung zu erliegen, eines der Tiere zu schlachten".

Doch die Männer murren. Eurylochos macht sich zum Sprecher der anderen und entgegnet zornig

Grausamer Mann, du strotzest von Kraft und nimmer ermüden
Deine Glieder; sie sind aus hartem Stahle gebildet!
Dass du den müden Freunden, von Arbeit und Schlaf(mangel) entkräftet,
Nicht an Land zu steigen erlaubst, damit wir uns wieder

Auf der umflossenen Insel mit lieblichen Speisen erquicken.
Sondern befiehlst, dass wir die Insel meiden, und blindlings
Durch die dickeste Nacht im düstern Meer verirren!
Odyssee, 12. Gesang, Vers 279 – 285

Die Gefährten applaudieren den aufsässigen Worten Eurylochos'. Heute bezeichnet man einen solchen Aufstand als Meuterei.

Odysseus spürt, dass er als Einzelner keine Chance gegen den Rest der Mannschaft hat und zugleich spürt er irgendwie, dass die Götter ihm wohl auch diese Prüfung als unausweichlich auferlegen.

So versucht er zu retten was zu retten ist.

Er nimmt den Gefährten den heiligen Eidschwur ab, dass sie keines der heiligen Tiere behelligen oder schlachten, sondern sich nur an Kirkes Wegzehrung laben würden.

Schnell schworen die Männer diesen Eid, ruderten an Land, fanden dort eine Süsswasserquelle und machten sich hungrig über die mitgebrachten Speisen und Getränke her. Sie schlossen noch weinend eine Gedenkminute an die Opfer an, die Skylla geraubt hatte, und fielen dann in einen erquickenden Schlaf, nicht ahnend, wie gefährlich diese Insel für sie noch werden sollte.

Denn nun mischen die Götter in Gestalt des Göttervaters Zeus sich wieder ein. Heute würde man es als Zufall oder Pech bezeichnen.

Zeus sandte einen furchtbaren Sturm und anschliessend dreissig Tage lang einen unbändig kräftigen Südwind, so dass die Männer das Schiff nicht besteigen konnten.

Langsam gingen die Nahrungsmittelvorräte zur Neige und

die Gefährten versuchten ihren Hunger mit kleinen gefangenen Fischen und Vögeln zu stillen.

Aber irgendwann begann der Magen unüberhörbar zu knurren und die klein gewordene Gruppe machte sich Gedanken, wie es weitergehen sollte.

Damit das Schicksal seinen Lauf nehmen konnte, überfällt Odysseus auf einer Erkundungstour über die Insel ein starkes Schlafbedürfnis und die Männer fühlen sich ohne Aufpasser.

Wieder ist es Eurylochos, der die Gefährten aufwiegelt.

„Nun ist es des Fastens genug" so spricht er zu den Freunden, „jetzt muss eines der Tiere dran glauben. Zum Besänftigen der Götter wollen wir nach der Rückkehr auf Ithaka dem Gotte einen Tempel bauen."

„Und", so fährt er fort „wenn denn schon die Götter unser Verderben beschlossen haben, so ist es mir lieber, auf dem Meer in den Fluten mit vollem Bauch unterzugehen als hier an Hunger zu sterben".

Der Beifall der anderen ist ihm wieder sicher.

Und so machen sich die Hungrigen über eines der Rinder her, schlachten es und veranstalten am Strand ein sechstägiges Fest.

Mittlerweile hat auch Helios von der Schandtat erfahren und eilt geschwind zum Göttervater um Beschwerde einzulegen. Ja, er droht ihm sogar. Wenn dieser Frevel nicht gesühnt wird, so will Helios seinen Sonnenwagen fortan nicht mehr über die Erde fahren, sondern ihn nur in der Unterwelt leuchten lassen.

Erschrocken verspricht Zeus seine Hilfe, auf dass das Tagesgestirn weiterhin seine Wärme und Helle den Sterblichen und Unsterblichen schenke.

Denn der Olymp ohne Licht und vor allem die Schönen dieser Welt unsichtbar im Dunkel – das ist denn auch dem obersten Olympier ein Gräuel.

Wie man sieht, nicht nur in unserer Zeit haben Drohungen und sanfte Erpressungen Konjunktur, um eigene Wünsche und Ziele durchzusetzen, sondern auch in der mythischen Antike war so etwas gang und gäbe.

Um Helios zu besänftigen, verspricht Zeus, das Schiff mit flammendem Donnerschlag zu zertrümmern.

In der Zwischenzeit kehrt Odysseus zurück und sieht erschrocken die unheiligen Freveleien der Gefährten.

Zudem spielen sich merkwürdig-unheilschwangere Szenen ab.

Die abgezogenen Häute der Tiere kriechen auf dem Boden herum, das Fleisch an den Spiessen, egal ob noch roh oder gebraten, muht und brüllt wie lebendige Rinder.

Wenn das keine Hiobsbotschaften sind!

Odysseus spürt, dass die Rache der Götter sie nunmehr mit Sicherheit treffen wird. Denn die Gefährten haben sich gegen ein elementares Gesetz vergangen. Wenn etwas unsterblich ist wie diese Rinder, dann steht es jenseits von Zeit und Raum, es steht für ein ordnendes göttliches Prinzip und wer es verletzt, produziert Chaos.

Wer sich an Raum und Zeit vergeht, um Vergänglichkeit und Altern zu vermeiden, begreift die Gesetze des Lebens nicht.

Auch in unserer Zeit basteln die verschiedensten Berufsgruppen an diesem Fehlkonzept: Schönheitschirurgen, Zahnärzte, Energetiker, Positiv-Denker, Nahrungsmittel-Produzenten etc etc.

Meist geschieht diese Wandlung jedoch nur auf der körperlichen Ebene – ein Bewusstseinswandel ist damit selten verbunden.

113

Zurück zu Odysseus und seinen Mannen.

Nunmehr haben sie auch den Hüter der Welt, Zeus, gegen sich.

Nichts ahnend, aber mit vollem Magen, rüsten sich die Gefährten am siebenten Tag, an dem Zeus die Winde beruhigt, zur Weiterfahrt.

Und der Göttervater hält sein Wort.

Kaum war die Insel am Horizont verschwunden, da ballten sich schwarze Wolken am Himmel.

Plastisch beschreibt Homer nun die dramatischen Ereignisse, die sich als Strafe der Götter über die wenigen, übrig gebliebenen Gefährten ergiessen.

Ein heftiger Westwind brauste heran und zerfetzte Mastbaum und Segel.

Der Mast fiel genau auf den Steuermann und zerschmetterte ihm den Kopf. Wie ein Stein fiel er ins Wasser und versank.

Zwei Aspekte machen in diesem Zusammenhang nachdenklich.

So ist es zum einen der Mastbaum. Ausgerechnet dieser Schiffsanteil geht als erstes verlustig, an den sich Odysseus fesseln liess, um nicht den betörenden Gesängen der Sirenen zu erliegen. Ab jetzt fehlt also die Struktur, die Halt verleihen kann.

Zum anderen ist es der Steuermann, den es als ersten trifft. Er symbolisiert den Willen und die Absicht, eigene Ziele zu suchen und anzusteuern.

Von jetzt ab ist das Leben der Gefährten und auch das von Odysseus dem Schicksal völlig ausgeliefert. Es gibt keine Möglichkeit mehr, auf den weiteren Verlauf der Weiterfahrt Einfluss zu nehmen – alles liegt in der Hand und der Willkür der Götter. Und mit Zeus ist bekanntlich schlecht Kirschen essen, wenn er einmal ergrimmt ist. Sein Bruder Poseidon wird sich auch noch melden.

Der Sturm wütet weiter und Zeus straft das Schiff mit einem erneuten Blitzstrahl.

Die Männer stürzen ins Meer, man sieht sie mit den hohen Wellen auf und niedergehen, wie Seevögel, bevor sie für immer im Meer versinken.

„Ein Gott" wie Homer schreibt „nahm ihnen die Heimkehr".

In seiner Not bindet Odysseus die Trümmer von Kiel und Mastbaum zusammen und setzte sich drauf. Die ganze Nacht treibt er durch das tosende Meer.

Bei Sonnenaufgang erspäht er zu seinem Schrecken erneut den Felsen der Skylla und den gurgelnden Schlund der Charybdis.

Warum lässt ihn Homer nun noch einmal zu diesem infernalischen Duo zurückkehren? War die einmalige Erfahrung nicht ausreichend genug?

Hat er nicht genug gelitten?

Eine schwierige Frage.

Man könnte es wie folgt interpretieren: Bei der erstmaligen Durchkreuzung dieser gefährlichen Enge hat sich Odysseus für eine Lösung entschieden und die andere gemieden. Offenbar war dem Schicksal dies nicht genug, denn nicht umsonst wurden ihm zwei Gefahren präsentiert.

Odysseus soll sie beide erleben und meistern.

Skylla hat er opfernderweise erlebt, durchlebt und überstanden.

Nun scheint Charybdis die zu lösende Aufgabe zu sein.

Homer wirft Odysseus einen Rettungsanker in Form eines

Feigenbaumes hin.

Als sich der Ithaker dem grauslichen Schlund der Charybdis nähert, springt er mit einem gewaltigen Satz nach oben und hält sich an den schattenspendenden Ästen des Feigenbaums fest, der sich oberhalb des brodelnden Wassers befindet.

Derweil schlürft Charybdis mit dröhnender Gewalt die rettenden Schiffsplanken hinab in ihren unersättlichen Strudel.

Unser Held hängt oben im Baum wie eine Fledermaus, strampelt verzweifelt, da er mit den Füssen keinen Halt findet und blickt hinunter auf das ohrenbetäubende Geschehen.

Da endlich speit Charybdis mit einem grossen Wasserschwall die Reste des Schiffes wieder nach oben.

Mit einem beherzten Sprung lässt sich Odysseus fallen, klammert sich an die rettenden Planken und rudert mit seinen Händen heraus aus der Gefahrenzone.

Odysseus hat nunmehr beide Gefahren gemeistert. Im Original heisst es

Aber Skylla liess mich der Vater der Menschen und Götter
Nicht mehr schaun; ich wäre sonst nie dem Verderben entronnen.
Odyssee, 12. Gesang, Vers 445 – 446

Symbolisch wiederum interessant ist die Wahl des Baumes durch Homers, an dem Odysseus sich festkrallt. Nicht irgendein Baum, von denen es so viele gäbe - es ist ein Feigenbaum. Feigenbaum und Olivenbaum stellen in der griechischen Mythologie lebensspendende Bäume dar. In diesem Fall muss man ihn als lebensrettend bezeichnen.

Auch die biblische Schöpfungsgeschichte bedient sich des Feigenbaums, denn es ist kein Apfelbaum, von dem Adam und

Eva verbotenerweise naschen, wie es vielfach zu lesen ist. Es ist ein Feigenbaum.

Zehn Prüfungen liegen nunmehr hinter Odysseus.

Er ist jetzt auf sich allein gestellt, auf sich selbst zurückgeworfen, denn sämtliche Gefährten sind auf der Reise verloren gegangen.

Wenn wir wieder auf die psychologische Analogie mit den bereits erwähnten Seelenanteilen zurückkehren, dann hat Odysseus bis zum jetzigen Zeitpunkt eine Unmenge an negativen Eigenschaften abgeworfen.

Was rein erzählerisch zwar als grausamer Prozess bewertet werden kann, ist aus einer übergeordneten Schau eine notwendige Reinigung, eine Katharsis, um das vorgesehene Lebensziel – oder soll man sagen: Lebensetappe? – Ithaka zu erreichen.

Man sollte meinen, nun sei es genug. Zehn bewältigte Aufgaben seien doch eine Zahl, ab der das Schicksal Milde walten lassen sollte.

Aber noch haben nicht alle Götter ihr Mütchen an dem Helden gekühlt.

Noch einmal erlebt Odysseus neun Tage und Nächte Todesängste, bis die Götter ein Einsehen haben und ihn des Nachts an den Strand der Insel Ogygia spülen, wo Kalypso wohnt, die schöngelockte, hehre melodische Göttin.

Noch einmal: Kalypso

Die Insel Ogygia mit ihrer Hausherrin Kalypso haben wir bereits ausgiebig kennengelernt.

Daher wollen wir die elfte Station des Heimkehrers an dieser

Stelle nur noch einmal kurz anschneiden.

Die schöngelockte Nymphe Kalypso stellt eine völlig andere Herausforderung an unseren Helden dar als die bisherigen Abenteuer.

Bei der Zauberin Kirke, sicher auch eine Frau mit Charme und Schönheit, verbrachte Odysseus mit seinen Mannen immerhin auf der bislang dreijährigen Reise ein ganzes Jahr. Hier waren es die Gefährten, die zum Aufbruch drängten, während man von Odysseus dergleichen nichts vernimmt, nein, er schien sich in diesem Frühstadium der Rückreise dort ganz heimisch und zufrieden zu fühlen. Kein Wort von ihm über seine Heimat, seine Frau und seinen Sohn.

Ganz anders auf der Insel der Kalypso.

Sicher wird er in der Anfangsphase des Aufenthaltes die Fürsorge und Liebe der göttlichen Nymphe mit allen Sinnen genossen haben.

Wir wissen nicht, wann dieses Pendel umschlug und das Heimweh in ihm begann, die Annehmlichkeiten und Reize der Insel und vor allem der schönen Kalypso zu verdrängen.

War es ein Jahr oder drei Jahre?

Homer gibt uns keine Antwort.

Er konfrontiert den Leser plötzlich mit dem am Ufer des Meeres in etwas depressiver Stimmungslage sitzenden, auf die Wellen schauenden Helden.

Welch eine Wandlung!

Waren es damals auf der Insel der Kirke, wie schon gesagt, die Gefährten, die zu Aufbruch mahnten, ja drängten, so ist es diesmal er ganz allein. Das bedeutet, wenn wir wieder die Gesamtperson Odysseus in Seelenanteile „aufteilen", dass damals in ihm ein Widerstreit der Gefühle bestand. Auf der einen Seite

die nach den trojanischen Entbehrungen sicher allzugern ge-
nossenen Attraktivitäten im Umfeld der Zauberin Kirke, auf
der anderen Seite plagte ihn doch das schlechte Gewissen, das
ihn sicher manchesmal überfiel und ihm ins Ohr flüsterte, dass
zu Hause Sohn, Ehefrau und auch die Eltern auf ihn warteten.

Schliesslich – denn Odysseus konnte ja nicht auf der Insel
Aiaia in Rente gehen – siegte das Pflichtgefühl oder die Liebe
zur Familie. Man brach auf.

Hier, auf der Insel der schönen Kalypso, hat ihn das Schicksal
nunmehr um ein Vielfaches an Zeit gegenüber dem Aufenthalt
bei Kirke festgehalten.

Im früheren Kapitel, das dem Aufenthalt auf der Insel Ogygia
gewidmet war, haben wir den für Kalypso schmerzhaften Aufbruch des Odysseus erlebt.

Vier Tage lang hat Odysseus im Schweisse seines Angesichts
geschuftet, um das Floss zu bauen und seetüchtig zu machen.

Den letzten, den fünften Tag beschreibt Homer wieder mit
eindrucksvollen Worten

Und am fünften entliess ihn die hehre Göttin Kalypso,
Frisch gebadet und angetan mit duftenden Kleidern.
Und sie legt' in das Floss zwei Schläuche, voll schwärzlichen
  Weines
Einen, und einen grossen voll Wasser; und sie gab ihm zur
  Zehrung
Einen geflochtenen Korb voll herzerfreuender Speisen:
Liess dann leise vor ihm ein laues Lüftchen einherwehen.
Odyssee, 5. Gesang, Vers 263 – 26

Odysseus geht es prächtig, denn schliesslich wurde er sieben

119

Jahre gehegt, verwöhnt und gepflegt. Kein Schlummer verschloss ihm die wachsamen Augen, so Homer.

Und weiter geht es beim grossen Dichter mit einigen Hinweisen für die Freunde der Astronomie. Die wachsamen Augen waren

Auf die Pleiaden gerichtet, und auf Bootes, der langsam
Untergeht, und den Bären, den andere den Wagen benennen,
Welcher im Kreis sich dreht, den Blick zum Orion gewendet,
Und allein von allen sich nimmer im Ozean badet.
Odyssee, 5. Gesang, Vers 270 – 275

Eine schöne Beschreibung des Grossen Wagens, obwohl er nicht der einzige ist, der auf der nördlichen Halbkugel nicht am Horizont verschwindet.

Siebzehn Tage durchkreuzt er so das weite Meer, dann am achtzehnten ist Land in Sicht, schemenhaft zwar nur, wie ein grosser nebliger Schild – es ist das Land der Phaiaken, wie ihm geweissagt wurde.

Odysseus sieht sich fast am Ziel – aber er hat nicht mit dem Erderschütterer Poseidon gerechnet, der noch eine Rechnung mit ihm offen hat.

Dieser kommt gerade aus dem Land der Aithioper zurück.

So zwischendurch darf man fragen: Was macht Poseidon ausgerechnet in Aithiopien? Fand da eine Zusammenkunft von Meeresherrschern und ihren Angehörigen statt? Gar eine antike Klima - Konferenz?

Homer verschweigt uns den Hintergrund.

Bereits schon einmal kommt das Land und ein Mann aus Aithiopien bei Homer vor. Es ist Memnon, der Held aus diesem

Lande, ein Neffe des trojanischen Königs Priamos. Seine Mutter ist Eos, die Göttin der Morgenröte – also eine wahrhaft adlige Abstammung.

Im Kampf erschlägt er Antilochos, den Sohn Nestors, aber als Achilles nach der Trauer um seinen Freund Patroklos wieder in das Kampfgeschehen eingreift, ist es um diesen Aithioper geschehen.

Etwas erzürnt erblickt Poseidon den Odysseus, wie dieser sich schon fast in Reichweite sicheren Landes befindet. Haben doch die anderen Götter seine Abwesenheit genutzt, um Odysseus zu helfen!

So leicht soll ihm der Held aber nicht davonkommen. Einen kräftigen Denkzettel, den er nimmermehr vergessen wird, will ihm Poseidon noch verpassen.

Mit Elan hebt er seinen gewaltigen Dreizack, der Wasser und Erde gebietet.

Nun folgt eine der schwersten Prüfungen für Odysseus, die Homer in aller epischen Breite für uns aufführt.

Alle Orkane – so Homer – rief Poseidon herbei. Nacht wurde es über dem Meer. Von allen Seiten, von Ost und Süd, von Westen und auch aus dem kalten Norden wälzten sich gewaltige Wogen auf den armen Odysseus, so dass ihm das Herz bis unter die Knie sank. Bislang kamen kaum Klagen aus dem Mund des Helden, aber nunmehr entfuhr ein Seufzer seiner gequälten Brust

Weh mir, ich elender Mann! Was wird ich noch endlich erleben!
Ach, ich fürchte, die Göttin hat Wahrheit geweissagt,
Die mir im wilden Meer, bevor ich zur Heimat gelange,

Leiden in Fülle verhiess. Das wird nun alles erfüllet.
Ha! Wie fürchterlich Zeus den ganzen Himmel in Wolken
Hüllt, und das Meer aufregt! Wie sausen die wütenden Stürme
Aller Enden daher! Nun ist mein Verderben entschieden!
Odyssee, 5. Gesang, Vers 298 – 305

Odysseus sieht sein letztes Stündchen schlagen, er ahnt aber wohl nicht, dass es nicht Zeus ist, der ihm so übel mitspielt, sondern sein Intimfeind Poseidon.

Ja, er bedauert sogar, nicht in der Schlacht um Troja als Held gefallen zu sein, damals, als es galt, die Leiche des getöteten Achilles zu bergen.

Hier im Meer ruhmlos zu ertrinken, das ist wahrlich kein Heldenlos.

Wäre es anders gewesen, wäre er auf dem Feld gefallen und würdig bestattet worden, so würden die Achaier ihm Lobeshymnen widmen.

Poseidon setzt noch eins drauf. Eine riesige Welle zerschmettert das Floss, Mastbaum und Segel fliegen in weitem Bogen davon und Odysseus stürzt ins Meer, geht unter, von der Schwere der Kleider gezogen, taucht wieder auf, Wasser rinnt ihm von Kopf und Haaren. Einen Schwall Salzwasser spuckt er aus und holt tief Luft.

Aber Odysseus gibt nicht auf, noch regen sich seine Lebensgeister. Mit aller Kraft schwimmt er zum Floss und schwingt sich hinauf.

Doch er wird zum Spielzeug der anbrandenden Wellen, die ihn wie Blätter im Herbstwind hin und her treiben.

Nunmehr beginnt wieder eine der vielen geheimnisvollen Episoden der Odyssee.

Wie ein Wasservogel kommt aus den Fluten die Göttin Leukothea heraus und setzt sich zu ihm aufs Floss.

Bevor wir ihre Worte zitieren, ist noch zu klären, wer Leukothea eigentlich ist.

Auf deutsch heisst Leukothea „Weisse Göttin".

Wer oder was ist nun diese mystische Gestalt, die so urplötzlich aus dem Meer auftaucht?

Es gibt mehrere Deutungen und Beschreibungen. Homer nennt sie die schöne Tochter des Kadmos, des mythischen Gründers von Theben, der mit Harmonia verheiratet war, der Tochter von Aphrodite und Ares. Als Menschenkind trug sie den Namen Ino.

Andere Erzählungen, mit denen die griechische Sagenwelt so reich gesegnet ist, führen Ino als Amme des kleinen Dionysos an. Wie dem auch sei, aus irgendwelchen emotionalen Beweggründen stürzt sie sich irgendwann ins Meer und erhält Meeresgöttinnen-Status.

Kein Olympier hat sie geschickt. In der mit so vielen Zufällen gespickten Odyssee ist sie einfach plötzlich da und spricht tröstend auf Odysseus ein

Armer, beleidigst du den Erderschütterer Poseidon,
Dass er so schrecklich zürnend dir Jammer auf Jammer
 bereitet?
Doch verderben soll er dich nicht, wie sehr er auch eifre!
Odyssee, 5. Gesang, Vers 339 – 341

Vielleicht sehen wir Leukothea noch immer in den weissen Schaumkronen des aufgewühlten Meeres. Sie ist so etwas wie der sanfte Gegenpol, das Korrektiv zum unnachgiebigen und rachelüsternen Poseidon. Verwunderlich ist nur, dass Poseidon als einer des göttlichen Führungstrios Zeus, Poseidon und Hades, dies ohne Murren hinnimmt und sie bei ihren Rettungs- bemühungen gewähren lässt.

Leukothea empfiehlt ihm, die Kleidergeschenke der Kalypso abzulegen und sich mit einem heiligen Schleier, den sie ihm überreicht, die Brust zu umgürten und mutig mit den Händen rudernd das Land anzustreben.

Schleier sind ein mystisches Utensil, man darf sie nicht hin- terfragen – man denke an den Schleier der Isis – und so befiehlt sie Odysseus diesen Schleier an Land sofort abzulegen und mit abgewandtem Gesicht wieder dem Meer anzuvertrauen.

Was mag sich Homer bei diesem geheimnisvollen Intermezzo gedacht haben?

Wir wissen es nicht, so kann man sich also nur in Vermutun- gen ergehen.

Odysseus ist auf dem Wege, das Meer, das Wasser, das Un- bewusste zu verlassen. Er scheint ein Gereinigter zu sein. Der Schleier ist keine Dauergabe, er ist geliehen, um aus dem Un- bewussten in die Klarheit des Bewusstseins aufzutauchen.

Nachdem sie ihm den Schleier überreicht hat, fährt Leukothea wieder hinab in die dunkle wogende Tiefe.

Odysseus hingegen ist misstrauisch. Sollte das wieder ein Ver- such eines rächenden Gottes sein, um ihn vom festen Floss wegzulocken. Sicherheit egal in welcher Form heisst jetzt die oberste Devise und es geht eben nichts über feste Balken auf dem Wasser.

Nun greift Poseidon wieder ein und zertrümmert die Pseudo- Sicherheit.

Jetzt bleibt unserem Helden nichts anderes übrig, als die be-

schwerenden Kleidergeschenke der schönen Kalypso abzulegen und sich den heiligen Schleier der Leukothea um die Brust
zu binden.

Poseidon wirft einen letzten Blick auf ihn, denkt im Stillen
bei sich: „So, dem habe ich es aber gezeigt!" und verlässt die
Szene.

Kaum hat der eine Gott die Bühne verlassen, nähert sich vor-
sichtig die nächste göttliche Figur in Gestalt von Athene.
Sie besänftigt das schäumende Meer. Zwei Tage und zwei
Nächte schwimmt Odysseus nunmehr, bis er die Bäume der
Insel Scheria, der Heimat der Phaiaken, vor sich sieht.

Aber noch einmal möchte Odysseus fast resignieren, denn die
Insel ist umgeben von schroffen Felsenufern, an denen sich die
Wellen mit Getöse brechen. Keine Möglichkeit also, ans ret-
tende Ufer zu steigen.

Mit letzter Kraft, die jedem Ironman alle Ehre machen würde,
umschwamm er einen Teil der Insel und endlich, endlich sieht
er eine flache Flussmündung, felsenleer und windgeschützt.

**Ankunft auf der Insel der Phaiaken und Begegnung mit
Nausikaa**

Odysseus hat also nach solch ungeheuren Strapazen fast wieder festen Boden unter den Füssen, er muss nur noch gegen die
Strömung des Flusses anschwimmen, die letzte Gefahr.

Für die Griechen war die Welt, die Natur überhaupt, voller
Götter – auch der Fluss hat seinen Herrscher, den es gilt freund-
lich zu stimmen. Und so verlegt er sich aufs Beten an den
Flussgott

Höre mich, Herrscher, wer du auch seist, du Sehnlich-Er
flehter!
Rette mich aus dem Meer vor dem schrecklichen Grimme
Poseidons!
Heilig sind ja, auch selbst unsterblichen Göttern, die
Menschen,
Welche von Leiden gedrängt um Hilfe flehen! Ich winde mich
Vor deinem Strome, vor deinen Knien, in Jammer!
Herrscher, erbarme dich mein, der deiner Gnade vertrauet.
Odyssee, 5. Gesang, Vers 444 – 450

Der Flussgott hat ein Einsehen und dämpft die Strömung zum Meer.

Odysseus watet ans seichte Ufer und vergisst sein Versprechen nicht. Er löst den heiligen Schleier der Ino und wirft ihn mit abgewandtem Gesicht in die Flussströmung, wo er sogleich von Leukothea aufgenommen wird.

Alles ist geschwollen, das Wasser rinnt ihm aus Mund und Nase, das Atmen fällt schwer und die Stimme versagt ihm.

Mit weichen Knien und kraftlosen Armen sinkt er erschöpft und übermüdet auf den Sand und küsst die fruchtbare Erde.

Aber anstatt endlich froh zu sein, nach so langem Kampf mit dem nassen Element wieder festen Boden unter den Füssen zu haben, hebt er voller Selbstmitleid das Klagen an. „Ach, ich Armer" so startet er sein Selbstgespräch. Denn in der Nacht könnte er durch Kälte und Frost hier unten am Fluss vielleicht erfrieren und oben am Wald könnte er eventuell zur Beute wilder Tiere werden.

Das letztere scheint ihm das kleinere Übel zu sein und so geht er an den Waldrand und legt sich dort nieder.

Homer beschreibt uns die Stelle sehr akribisch, wohl nicht ohne Grund.

Denn Odysseus legt sich nicht irgendwohin, sondern unter zwei miteinander verwachsene, verschlungene Olivenbäume, wild der eine, fruchtbar der andere.

Wieder ein schönes Symbol der Harmonie – das Wilde mit dem Zahmen vereint. Odysseus scheint langsam aus den wilden Gefahren ans Ufer der Erlösung von all den Qualen zu kommen.

Generell ist der Olivenbaum ein heiliger Baum – schliesslich hat der Sage nach die Göttin Athene ihn dem Menschengeschlecht geschenkt.

So ist denn auch der Ölbaum der heilige Baum der Athene, jenes Symbols des erwachenden klaren Bewusstseins der Hellenen.

Schon einmal begegnete uns auf der Heimreise das Thema Olivenbaum als Symbol der Rettung – es war die angespitzte Keule aus Olivenholz, mit der die Mannen um Odysseus den Riesen Polyphem blendeten.

Auch im Neuen Testament finden wir den Bezug zum Ölbaum immer wieder.

Hier unter den beiden Ölbäumen ist ein sicheres Plätzchen, vor Wind und Regen geschützt. Mit den herumliegenden Blättern deckt sich Odysseus zu und Athene goss ihm sanften Schlaf in die Augen.

Nun betritt eine neue weibliche Person die Bühne – Nausikaa. Welch ein schöner Name – er klingt wie Musik! Die anderen Namen – Kirke, das klingt in unseren Ohren nicht so tönend. Kalypso – dieser Name stellt schon ein wenig mehr dar und Homer konnte ja nicht ahnen, dass im 20. Jahrhundert ein mittelamerikanischer Tanz diesen Namen erhalten sollte.

Aber Nausikaa – das scheint wohl eine Art harmonischer Namenssteigerung zu sein. Der Vollständigkeit halber – damit niemand auf die Idee kommt, den Namen falsch auszusprechen – sei er in Silben zergliedert: Nau – si – ka – a.

Und – wenn man Homer Glauben schenken darf – schön und anmutig soll sie sein. Sie glich an Wuchs und Aussehen den unsterblichen Göttern, so der Dichter.

Odysseus – läufst du in Gefahr, hier eventuell dein Herz zu verlieren!?

Aber lassen wir die Ereignisse in ihrer richtigen Reihenfolge auf uns einwirken.

Unser Held schläft erschöpft und geschunden wie ein Murmeltier unter den zwei Olivenbäumen, nur von Blättern zugedeckt.

Derweil wird Athene am Hof des Herrschers der Insel Scheria, Alkinoos, aktiv. Irgendwie muss jetzt mit Odysseus etwas passieren. Wir nennen es ganz profan Schicksal, Fügung, Zufall. Die Altvorderen liessen eben die Götter wirken.

Athene schickt der schönen Königstochter Nausikaa einen Traum. Ihre Freundin erscheint ihr und flüstert ihr zu: „Nausikaa, siehst du denn nicht, wie es um dich herum aussieht. Deine Kleider liegen achtlos auf dem Boden und die saubersten sind sie auch nicht gerade. Wie willst du denn mit solchen Sachen einen der edlen jungen Phaiaken empfangen, die um dich werben. Morgen in der Früh, wenn die rosenfingrige Eos über dem Himmel erstrahlt, dann geh zu deinem Vater, erbitte einen Wagen mit Maultieren, lade deine Sachen drauf und fahr mit deinen Freundinnen hinab zum Fluss, um dort deine Sachen zu waschen".

Man spürt, die Regie des Dichters will etwas mit Hilfe der Götter zusammenführen, was sich offenbar treffen soll.

Kaum erwacht, macht sich Nausikaa zu ihrem Vater auf und erbittet von ihm Wagen und Maultiere. Wie kann ein Vater den Bitten einer so hübschen Tochter widerstehen? Schmunzelnd, er ahnt wohl etwas von ihren Absichten, lässt er von den Knechten den Wagen anspannen. Die Mutter Arete sorgte sich auch um das lebliche Wohl der Mädchen und gab ihnen in einem Körbchen ein paar Leckereien mit und in einem Ziegenlederschlauch noch etwas edlen Wein. Und ab ging die Post – nur rein „zufällig" genau in die Gegend, in der unser Held seine müden Geister im Schlaf kurierte. Dort befanden sich nämlich die Waschgelegenheiten.

Die Mädchen nahmen die Schmutz-Wäsche, legten sie in die Spülen und stampften fröhlich auf der Wäsche herum. Nach der Säuberung legten sie alles auf die warmen Kiesel des Baches zum Trocknen.

Nach dieser anstrengenden Tätigkeit sprangen die Mädchen ins erfrischende Wasser, salbten sich danach mit Öl und setzten sich erst einmal zum Picknick, wie man heute sagen würde.

Um die Zeit bis zum Trocknen der Kleider zu nutzen, begannen sie Ball zu spielen. Homer beschreibt dabei Nausikaa als besonders schön und strahlend, so wie Artemis, die Göttin der Jagd.

Derweil macht sich Athene Gedanken, wie die beiden nun zusammenkommen können. Odysseus muss aufwachen. Den Göttern ist, wie schon oft zitiert, nichts unmöglich und so lässt sie die Königstochter einer der anderen Mädchen einen Ball zuwerfen. Vergeblich streckt diese ihre Hände zum Fang aus – der Ball landet im Wasser. Vom lauten Gekreische der Mädchen – wir kennen das vom Frauen-Fussball – wacht Odysseus endlich auf und reibt sich verdutzt die Augen. „Wo bin ich hier eigentlich?" werden seine ersten Worte gewesen sein, „bin ich wieder bei Räubern und Barbaren gelandet oder wohnt hier ausnahmesweise mal ein gottesfürchtiges Volk? Am besten, ich schau mal selber nach."

Sprachs, schüttelte das Laub von sich, kroch heraus aus dem Dickicht und brach sich einen blätterbehangenen Ast ab und bedeckte damit seine Blösse.

Homer macht aus ihm eine wie ein Löwe stolz daherkommende Person.

Irgendwie kann man sich des Eindrucks nicht erwehren, dass Inhalt und Form nicht übereinstimmen. Man stelle sich die heruntergekommene Gestalt des Gestrandeten vor, das Haar zerzaust und verfilzt, die Haut mit Salzkruste und Schlamm bedeckt, die Augen müde und dazu noch fast nackend!

Nicht verwunderlich, dass die Mädchen erschrocken auseinanderstieben und sich hinter dem nächstbesten Versteck verschanzen.

Nur die Königstochter Nausikaa blieb erhobenen Hauptes tapfer stehen.

Warum? Weil Athene ihr Mut eingehaucht hatte und die Furcht genommen hatte.

Odysseus ist im Zweifel. Was tun? Vor dem Mädchen auf die Knie fallen und um Hilfe bitten oder seine allseits berühmte Stärke ausspielen, indem er sie mit einschmeichelnden Worten anfleht?

Wie meistens trifft er den richtigen Ton.

„Herrin, ich flehe dich an" so beginnt er seine Rede „bist du eine Göttin oder bist du sterblich? Falls du eine Göttin bist, die den Himmel bewohnt, so scheinst du mir Artemis zu sein, die Tochter des Zeus, der du an Aussehen und Gestalt am meisten gleichst."

Es geht gleich noch weiter, aber so zwischendurch sei ein kleiner Blick auf Artemis, die Göttin der Jagd und Zwillingsschwester Apollons, gestattet.

Bei Homer ist sie die jungfräuliche, keusche Jägerin. Ihr Zorn traf besonders einmal den Jüngling Aktaion, der es als Sterblicher wagte, sie zufällig beim Baden zu überraschen. Wütend verwandelte sie ihn in einen Hirschen und hetzte dazu noch seine eigenen Jagdhunde auf ihn, die ihn zerrissen.

Nun wieder zurück zu Odysseus. „Bist du aber keine Göttin, sondern eine Sterbliche, dann sollten deine Eltern sich glücklich schätzen, eine solch schöne Tochter zu haben, Und wie wundervoll muss es erst sein, dir beim Tanzen zuzuschauen." Und der Charmeur setzt noch eins drauf:

Aber keiner ermisst die Wonne des seligen Jünglings,
der, nach grossen Geschenken, als Braut nach Hause dich
führet.
Denn ich sah noch nie solch einen sterblichen Menschen,
Weder Mann noch Weib! Mit Staunen erfüllt mich der Anblick!
Odyssee, 6. Gesang, Vers 158 – 161

Odysseus sucht nach einem Vergleich. Nur einmal hätte er im Leben etwas ähnlich Vollkommenes gesehen. Es war keine Blume, keine Rose – nein, der erhabene Sprössling einer Palme auf Delos.

Nach so vielen Komplimenten kann er endlich auf sein eigentliches Anliegen eingehen. Seine Not ist gross, aber er traut sich nicht Hilfe heischend ihre Knie zu umfassen. So schildert er ihr sein bisheriges Leiden und bittet sie um Kleidung und um Rat, wie man in die naheliegende Stadt kommt.

Mögen die Götter dir schenken, so viel dein Herz nur
   begehret,
Einen Mann und ein Haus, und euch mit seliger Eintracht
Segnen! Denn nichts ist besser und wünschenswerter
   auf Erden,
Als wenn Mann und Weib, in herzlicher Liebe vereinigt,
Ruhig ihr Haus verwalten: den Feinden ein kränkender
   Anblick,
Aber Wonne den Freunden; und mehr noch geniessen
   sie selbst.
Odyssee, 6. Gesang, Vers 180 – 185

Nausikaa spürt erstaunt, dass ihr ein Mann mit Wissen und Bildung gegenübersteht.
Und sie antwortet mit bemerkenswerten Sätzen

Zeus, der Olympier, selbst verteilt das Glück an die Menschen,
Ob gering oder edel, so wie er es will, einem jeden;
Dir auch wohl gab er dies, das musst du nun eben ertragen.
Odyssee, 6. Gesang, Vers 188 – 190

Anschliessend klärt sie Odysseus auf, auf welcher Insel er gelandet ist.
Es ist Scheria, die Insel der Phaiaken, eines von den Göttern geliebten, friedfertigen Volkes. Und sie sei die Tochter des grossherzigen Königs Alkinoos.

132

Danach trommelte sie erst einmal ihre Gespielinnen zusammen, die sich noch immer misstrauisch hinter Büschen und Dünen versteckt hielten.

„Keine Angst", so beruhigte sie die Mädchen, „dies ist kein feindlicher Mann, sondern ein Schiffbrüchiger, der unsere Hilfe braucht. Zeus schätzt das Gastrecht und das wollen wir ihm aus vollem Herzen gewähren.

Nun gebt dem Mann etwas zu essen und zu trinken, vor allem etwas zum Anziehen und etwas Öl zum Einreiben nach dem Bade".

Und die Mädchen führten Odysseus an eine windgeschützte Stelle, an der er sich das Salz und den Schlamm vom Körper, Gesicht und Haaren abwusch. Nach dem Reinigungsbade rieb sich der Held mit Öl ein und legte die geschenkten Gewänder an.

Nunmehr greifen die Götter in Gestalt der Athene wieder in das Geschehen ein. Homer kann nicht anders, als diesen Vorgang ausführlich zu beschreiben. Athene giesst wohl ein Jungbrunnen-Elixier über Odysseus aus, heute würde man von einer Anti-Aging-Rapid-Kur sprechen. Denn diese Gunst lässt ihn höher und jugendlicher erscheinen, von seinem Scheitel fliessen ringelnde Locken herab, die wie der „Purpurlilien Blüte" erscheinen. Anmutig an Haupt und Schultern, strahlend vor Schönheit und Reiz, so Homer, taucht Odysseus wieder bei der Mädchenschar auf.

Die reiben sich erstaunt die Augen. Ist das etwa noch der heruntergekommene Schiffbrüchige von vorhin?

Nausikaa wird es ganz warm ums Herz. Anfangs erschien er ihr unbedeutend, ja sogar hässlich. Aber jetzt gleicht er den Göttern. Ach, wenn doch, so seufzt sie, ihr zukünftiger Gemahl etwas von dieser Strahlkraft besässe! Und könnte dieser Fremde nicht hier auf ihrer Insel bleiben!

Nausikaa unterbricht diese Gefühlsregungen und heisst die Mädchen, dem Fremden jetzt erst einmal etwas zu essen und zu trinken zu geben.

Odysseus langt kräftig hin, denn die unfreiwillige Reise auf dem Meer hat seine Kräfte ganz schön strapaziert.

Nausikaa drängt nunmehr zum Aufbruch, denn die Wäsche ist getrocknet.

An dieser Stelle erfahren wir etwas Interessantes über den damaligen Ehrenkodex für Frauen.

Die Zeitung war noch nicht erfunden, aber Klatsch und Tratsch haben wohl auch die friedfertigen Phaiaken über alles geliebt.

Nausikaa will Odysseus ihrem Vater vorstellen, legt ihm aber ein paar Verhaltensregeln auf. Er möge hinterher kommen, sobald aber die Mauern der Stadt in Sichtweite seien, dann möge er gefälligst zurückbleiben, denn die Einwohner der Stadt könnten sich sonst den Mund zerreissen, dass ein Fremder in ihrer Begleitung auftaucht – schliesslich ist sie keine Geringere als die Tochter des Königs. Selbst nach über zweitausend Jahren sind Königskinder noch immer ein beliebtes und begehrtes Objekt der Regenbogenpresse.

Sind ihr die Söhne der Insel, die um sie freien, nicht gut genug, dass sie sich mit einem Unbekannten einlässt – so könnten die Einheimischen denken? Hat sie eventuell sich einen Mann von auswärts genommen? Oder ist es gar ein Gott, der auf ihr inbrünstiges Flehen vom Olymp herabstieg?

Sie, Nausikaa selbst, legt auch sehr strenge Regeln - und da ähnelt sie wahrlich Artemis – an andere Mädchen an, die ohne

Zustimmung von Vater und Mutter sich mit Männern vor der Ehe oder ohne Heirat einlassen.

So soll Odysseus erst in den Palast des Vaters folgen, wenn er meint, dass die Mädchen zu Hause sind. Im Ort solle er nur nach dem Palast des Alkinoos fragen, dem schönsten und prächtigsten Gebäude der Stadt, das jedes Kind kennt. Angekommen im Palast möge er sich nicht gleich an den König selbst wenden, sondern zuerst an die Königin Arete, ihre Knie umfassen und um ihre Hilfe zu bitten. Nur wenn es ihm gelingt, das Mitleid der Königin zu erwecken, dann besteht die Chance auf eine glückliche Heimkehr.

Sprachs und liess die Peitsche knallen, um die Maultiere anzutreiben.

Odysseus nutzt die Zeit des Wartens und bittet Athene inständig um ihre Hilfe, da sie wohl im Tosen des Meeres seine Stimme entweder nicht vernommen oder aus Furcht vor Poseidon, dem Bruder ihres Vaters, überhört habe.

Auf der Insel der Phaiaken – Im Palast des Alkinoos

Der Aufenthalt auf der Insel der Phaiaken scheint etwas Besonderes zu sein. Der ganze Sechste Gesang spielt auf der Insel, er handelt nämlich ausführlich von der ersten Begegnung mit der schönen Königstochter Nausikaa.

Im Siebenten Gesang tritt Nausikaa in den Hintergrund und es kommt zur Begegnung mit dem König Alkinoos und seinen Fürsten sowie seinen Söhnen. Odysseus erlebt noch einmal eine Prüfung. Gemessen an den vorherigen Bedrohungen ist dies eine Art Spaziergang, den er lässig mit Hilfe der Athene bewältigt.

Die Tochter des Zeus steht ihm wieder hilfreich zur Seite, indem sie eine Art Tarnkappe in Form einer Nebelwolke um ihn herum ausbreitet, damit ihn die Einwohner von Scheria, neugierig wie zu sein scheinen, nicht nach dem Woher und Wohin fragen.

Und noch einmal taucht die Göttin mit den strahlenden Augen auf: Beim Betreten der lieblichen Stadt, wie Homer sie nennt, tritt sie ihm mit einem Wasserkrug als hübsches Mädchen entgegen. Odysseus ergreift die Gelegenheit beim Schopfe und fragt sie nach dem Weg zum Palast, denn wie er sagt, er sei ein Fremder hier und käme von weit her.

An dieser Stelle begegnen wir einem Phänomen, das aus unserer Zeit stammen könnte – der Fremdenfeindlichkeit. Lassen wir dazu Athene als wasserkrugtragende Schöne selbst zu Wort kommen.

Gern ist sie bereit, ihm den Weg zu zeigen, er möge ihr nur folgen, aber dabei folgendes beachten

Schaue nach keinem Menschen dich um und rede mit niemend.
Denn die Leute sind hier den Fremden nicht allzu gewogen,
Und bewirten sie nicht sehr freundlich, woher sie auch
  kommen.
Sie bekümmern sich nur um schnelle hurtige Schiffe,
Über die Meere zu fliegen: denn dies gab ihnen Poseidon.
Ihre Schiffe sind hurtig wie Flügel und schnell wie Gedanken.
Odyssee, 7. Gesang, Vers 31 – 36

Man sieht, heutige Probleme sind nicht neu, sondern nur anders aufgewärmt.

Im Palast, so sagt sie weiter, als sie vor ihm steht, findest du die zeusgenährten Könige schmausend beim Mahl. Und schliesslich spricht sie ihm noch Mut zu:

...................................und ohne im Herzen zu zagen,
Tritt du ein; denn einem beherzten Manne gelingen
Alle Verrichtungen besser, auch wenn er von anderswo
* herkommt*
Odyssee, 7. Gesang, Vers 49 – 51

Beherzt und mutig, so soll ein Mann sein, wenn er Erfolg haben will.

Zuerst soll Odysseus sich der Königin Arete zuwenden. Sie stammt ebenso wie König Alkinoos in direkter Linie von Poseidon ab und wird sowohl von den Untertanen wie von ihrem Mann sehr verehrt – bei letzterem ergänzt Homer noch: Wie nirgends ein Weib auf Erden geehrt wird.

Ob er sie wohl auf Händen trägt? Darüber lässt sich aber Homer nicht aus.

Odysseus staunt vor der Pracht des Palastes. Gleich dem Strahle der Sonne und dem Schimmer des Mondes, so strahlt nach Homers Worten der Palast des Königs. Bronzene Wände, goldene Türen, silberne Pfosten. Links und rechts der Tür zwei Hunde, der eine aus Gold, der andere aus Silber, von Hephaistos persönlich geschmiedet. Im Inneren des Königssaales standen auf Podesten goldene Jünglingsstatuen mit brennenden Fackeln in den Händen.

Nun geschehen einige merkwürdige Dinge. Odysseus ist noch immer unter seiner nebligen Tarnkappe verborgen. So marschiert er im Königssaal strikt auf die Königin zu und umschlingt mit den Händen die Knie der Königin.

Damit diese aber nicht allzu sehr erschrickt, nimmt Athene die Tarnung von ihm. Homer drückt es viel poetischer aus: „Und mit einmal zerfloss um ihn das heilige Dunkel". Im Saal herrscht ob dieses merkwürdigen Ereignisses Totenstille und alles starrt den unverhofft aufgetauchten Fremdling an.

Odysseus, der Listenreiche, will erst gar keine Diskussion um seine Person aufkommen lassen und geht in die Offensive. Er fleht die Königin Arete an, ihm möglichst bald zu einer Heimreise zu verhelfen, denn er irre schon lang genug in Trübsal umher. Zuvor jedoch erweist er sich als Mann der Höflichkeit und wünscht den Anwesenden ein langes Leben und Gesundheit.

Nachdem er geendet hatte, setzte er sich bescheiden in die Nähe des Feuers. Allgemeines Schweigen setzt ein, die Anwesenden müssen wohl erst einmal diese so plötzlich über sie hereingebrochenen Geschehnisse verdauen. Echenor, ein allseits wegen seiner Weisheit geschätzter Greis, unterbricht die Stille, indem er Alkinoos bittet, den Fremden und Gast doch nicht am Feuer – Homer schreibt: in der Asche – sitzen zu lassen, sondern ihm einen geziemenden Platz zuzuweisen. Und ein Gläschen Wein gehöre wohl auch dazu, um Zeus, dem Gott des Donners und dem Beschützer der Hilfeflehenden, ein Opfer darzubringen.

Alkinoos selbst erhebt sich von seinem Thron, nimmt Odysseus an der Hand und lässt ihn neben sich Platz nehmen.

Nach Speis und Trank heisst Alkinoos die Anwesenden heimzugehen.

Morgen wolle man sich erneut treffen und über die Heimfahrt des Gastes entscheiden. Einige weise Sätze des Königs sind bemerkenswert

138

..........damit er, vor Not und Kummer gesichert,
Unter unserem Geleit in seiner Väter Gefilde
Freudig gelange und bald, selbst wenn er von weither
* gekommen,*
Und ihm nicht auf dem Weg ein neues Übel begegne,
Eh er sein Vaterland erreicht hat. Dort begegne ihm
Was ihm das Schicksal bestimmt und die unerbittlichen
* Moiren*
Ihm bei seiner Geburt in den werdenden Faden gesponnen.
Odyssee, 7. Gesang, Vers 192 – 198

Alkinoos bemüht sich also, zu helfen, soweit es in seiner Macht steht. In seine Heimat wollen ihn die schnellen Phaiaken mit ihren ebenso schnellen Schiffen rudern. Was ihm aber dann noch das Schicksal präsentieren wird, das wissen nur die Moiren, die alles bei der Geburt in seinen Lebensfaden eingewoben haben.

Die Edlen der Insel verabschieden sich, nur Alkinoos, Arete und Odysseus bleiben noch ein Weilchen sitzen.

Dieser siebente Gesang – Homer hat ihn etwas ausgeschmückt – bietet nicht mehr so viel Bewegendes, bis auf eines vielleicht.

Frauen bemerken wohl manche Dinge eher als Männer, besonders was die Kleidung anbetrifft. So hat die Königin schon lange beobachtet, dass Mantel und Rock des Odysseus offenbar aus ihrem Hause stammen, von ihr und ihren Dienerinnen geschneidert und gewoben.

Und so kann sie ihre Neugierde nicht bezähmen und ehe Odysseus im Bett verschwindet, muss sie ihn erst mal ausfragen, wie er an diese Gewänder käme.

Schliesslich sei er doch gestrandet und mit Sicherheit nicht in diesen Kleidern.

Nausikaa hatte noch keine Gelegenheit, die ganze Geschichte von der Ankunft den Eltern zu präsentieren, und so holt Odysseus noch einmal aus und erzählt der Königin den Werdegang. Da uns diese Begebenheit bereits bekannt ist, können wir diese Episode weitgehend überspringen.

Alkinoos greift aber noch einmal in die Diskussion ein. Es geht um die Tochter. Warum sie Odysseus nicht selbst zum Palast geführt habe?

Unser Held lobt aber ihre Scheu vor den redseligen Phaiaken und verteidigt ihre Haltung.

Nun muss Alkinoos noch etwas los werden, das ihm schon einige Zeit auf der Seele liegt

Schaffe doch Vater Zeus, Athene und Phoibos Apollon,
Dass ein Mann so wie du, so ähnlich mir an Gesinnung,
Meine Tochter begehrte, sich mir erböte zum Eidam,
Und hier bleibe! Ich wollte dir Haus uns Habe verehren,
Bliebest du willig hier. Doch wider Willen soll niemand
Von den Phaiaken dich halten: Das wolle Gott nicht gefallen!
Odyssee, 7. Gesang, Vers 311 – 316

Uns Lesern werden so manche Fragen, die wir auf dem Herzen haben, nicht beantwortet. Es wäre sicher interessant, zu erfahren, was denn Kirke allein weiter auf der Insel Aiaia getan hat – hat sie weiterhin die Schar ihrer verwandelten Tiere vermehrt? Wie betroffen war Kalypso nach der Abreise des von ihr geliebten Helden, dem sie nur auf Geheiss der Götter den Abschiedsgruss zuwinkte? Aber Zauberinnen oder Halbgöttinnen werden sich schon irgendwie zu helfen wissen. Jedoch mit unserer artemisgleichen Nausikaa – was passiert mit ihr, wo wir ihr doch einen netten und gebildeten Helden von Herzen gönnen und wünschen.

Homer hält sich bedeckt und lässt uns mit unserer mitfühlenden Wissbegierde allein. Denn das ist Vergangenheit, von Odysseus abgehakt, für ihn gilt es nach vorn zu schauen und sich nicht in rückwärts gewandten Sentimentalitäten zu ergehen oder zu verlieren.

Mit der Versicherung, von schnellen Schiffen nach Hause geleitet zu werden, begibt Odysseus sich zur Nachtruhe und damit endet der siebente Gesang.

Kampfspiele und der Abschied von der Insel der Phaiaken

Aus der bisherigen Erzählung kann man im Grunde keine eigentliche Prüfung unseres Helden hier auf der Insel Scheria ersehen. Liegt es daran, dass es die letzte „Einkehr" vor der Heimfahrt ist oder erwartet den Leser noch eine gefährdende Episode?

Der nächste Tag beginnt poetisch mit der rosenfingrigen Göttin der Morgenröte im Osten. Alkinoos und Odysseus begeben sich gemeinsam zum Markt, der gleich neben den Schiffsanlegeplätzen lag.

Derweil betätigte sich Athene als Herold des Königs und rief die Bewohner der Insel zum Marktplatz zusammen. Zugleich war sie wieder als Mannes-Verschönerin tätig. Die Phaiaken staunten über den Sohn des Laërtes, denn Pallas Athene

Hatte mit göttlicher Hoheit ihm Haupt und Schultern umgossen,
Hat ihn höher an Wuchs und jugendlicher gebildet:
Dass bei allen Phaiaken Odysseus Zuneigung gewönne
Odyssee, 8. Gesang, Vers 19 – 21

Ja, früher in der Antike ersetzte eben die göttliche Hilfe die Qual und den Schweiss und wohl auch die Kosten eines Fitness-Studios.

Als der Marktplatz sich gefüllt hatte und augenscheinlich sämtliche Edlen der Insel anwesend waren, gebot Alkinoos ihnen mit erhobener Hand Schweigen und erhob das Wort. Er appellierte an die Einwohner, dem gestrandeten Fremdling – den er gar nicht so recht kannte, wie er hinzufügte – bei der Heimreise mit einem Schiff behilflich zu sein.

Zweiundfünfzig der besten Jünglinge sollten sich in die Ruder legen und das Schiff in Windeseile vorantreiben.

Nachdem sein Vorschlag von der versammelten Menge gut geheissen war, bat er die Adligen zu sich in seinen Palast, um dem Fremden ein gebührendes Abschiedsmahl zu bereiten.

Und alle kamen. Alkinoos liess auftischen, nach Homer mussten zwölf Schafe, acht weisszahnige Schweine und zwei schwere Stiere für dieses Festmahl dran glauben. Unterdessen hatte man den Sänger Demodokos herbeigeholt. Die Götter hatten ihm das Augenlicht genommen, aber als Ausgleich ihm eine wunderbare Stimme verliehen, mit der er am Hofe des Alkinoos oft für Unterhaltung sorgte.

Gibt es an dieser Stelle eventuell eine Parallele zu Homer? Niemand weiss bis heute etwas Genaues über ihn, aber es gibt Legenden, die ihn als blinden Sänger und Dichter anführen.

Nachdem Hunger und Durst gestillt waren, kam die Stunde des blinden Sängers. Wie es der Zufall wollte, griff er in seinem Repertoire auf eine alte Geschichte zurück, einen Streit zwischen Achilles und Odysseus.

Der Held war zu Tränen gerührt und verbarg sein Gesicht hinter einem Mantel. Niemand schien es zu bemerken, nur der weise Alkinoos sah mit einem Blick die Trauer im Gesicht des Gastes.

Als der Sänger geendet hatte, verspürte Alkinoos das Bedürfnis, dem Gast zu beweisen, dass die Phaiaken nicht nur Meister im Schlemmen und Trinken seien, sondern auch beherzte und fähige Wettkämpfer im Ringen, Laufen, Faustkampf und beim Diskus seien und damit er davon gebührend zu Hause erzählen könne.

Alles machte sich zum Marktplatz auf, wo sich schon eine Menge der Einwohner geschart hatte. Einige der Adligen bereiteten sich auf den Wettkampf vor. Homer nennt uns eine Reihe von Namen, die wir aber vergessen können. Einzig die drei Söhne des Alkinoos sind zu merken, denn es gibt noch eine heftige verbale Auseinandersetzung mit Odysseus:

Laodamas, Klytoneos und Halios. Und noch einen gilt es zu erwähnen: Euryalos, den Homer mit dem männermordenden, angriffslustigen Kriegsgott Ares vergleicht – nicht von ungefähr, wie wir gleich sehen werden.

Die Wettkämpfe beginnen und Homer zählt Sieger und Besiegte auf.

Dann sticht den Laodamas, einer der Söhne des Alkinoos der Hafer – er musste nämlich am gestrigen Abend im Palast seinen angestammten Platz für Odysseus freimachen - und er geht auf Odysseus zu. Ob er nicht auch an den Wettkämpfen teilnehmen möchte, denn von der Statur her sähe er doch recht kräftig aus oder hätte ihm der lange Aufenthalt im Meer die Kräfte für dererlei Kämpfe geraubt? Eines dürfen wir nicht vergessen:

Athene hatte ihn zuvor recht stattlich und breitschultrig aussehen lassen und nicht wie einen von Sturm und Wasser geschwächten Gestrandeten. Obendrein, so sein verbaler Zusatz, sei ein Wettkampf die beste Therapie gegen Kummer und Traurigkeit.

Odysseus ist alles andere als erbaut, nach den Strapazen der Vergangenheit, geschwächt und in heimatstrebender Stimmung, hier gegen die vor Kraft strotzenden Jugendlichen anzutreten und versucht, sich aus der Affäre zu ziehen. Aber Euryalos, der aresgleiche Geselle, setzt in seinem Übermut noch eins drauf. Er sei wohl den Kampf nicht gewöhnt, sondern mehr ein Mann, der mit einem Handelsschiff umher führe, Lagerbestände zähle und Waren verzeichne. Und sich dann über den zusammengerafften Gewinn erfreue. Aber beileibe kein Kämpfer!

Das sass! Man kann sich lebhaft vorstellen, wie bei einem Mann wie Odysseus diese Beleidigung ankam. In seiner Sturm- und Drangzeit hätte er wohl zum Schwert gegriffen, um diese Schmähung zu vergelten.

Hier aber unter so vielen Menschen hiess es Ruhe und einen kühlen Kopf zu bewahren. Diese letzte Prüfung vor der Heimreise galt es nach so vielen anderen Herausforderungen zu überstehen. Und Odysseus ist nach Homers Vorstellungen nicht umsonst der Listen- und Erfindungsreiche.

In diesem Fall können wir ihm sogar das Attribut Weisheit nicht absprechen.

Denn seine Antwort ist geradezu phänomenal und ersetzt mit Worten jeden Schwerthieb. „Was du da zu mir gesagt hast", so begann er „ist alles andere als freundlich. Du scheinst mir ein ungehobelter Geselle zu sein. Du solltest wissen, dass die Götter einem einzigen Menschen nie alle guten Eigenschaften zusammen verleihen – Schönheit, Anmut, Weisheit und Redegewandtheit. So manch einer ist sicher kein Adonis, aber sobald er zu reden beginnt, dann lauschen ihm die Menschen ergriffen.

Ein anderer mag kräftig und schön an Gestalt sein, jedoch sein Reden ist nichts anderes als dummes Geschwätz. Du, Euryalos, bist zwar von edler Gestalt, dass sogar ein Gott dich darum beneiden könnte, aber im Kopf hast du wohl nur Stroh. Du hast mich aber herausgefordert. In meiner Jugend war ich immer einer der ersten im Wettkampf, jetzt jedoch zieht mich mein Kummer etwas herab. Aber ich werde dir beweisen, dass ich noch so manchen Wettkampf annehmen kann."

Sprachs und ohne seinen Mantel abzulegen, packte er den grössten Diskus, grösser und schwerer als alle mit denen die Phaiaken geworfen hatten. Mit Elan und Schwung warf er die Scheibe weiter als alle anderen, die zuschauenden Phaiaken mussten sogar ihre Köpfe einziehen.

Athene war wieder einmal, als Jüngling verkleidet, zur Stelle, pries den fulminanten Wurf und markierte die Aufschlagstelle. Heutzutage würden Kampfrichter zur Stelle sein und den Werfer des Dopings verdächtigen. Damals sprach man eben von göttlichem Beistand.

„Machts mir nach!" so Odysseus „und sollte es einer schaffen, dann setze ich noch eins drauf! Auch im Bogenschiessen und im Speerwurf schlägt mich so schnell keiner. Eines aber muss ich zugeben: Im Wettlauf bin ich wohl nicht mehr so schnell wie früher, das Meer hat mich zu sehr entkräftet!" Alkinoos hatte den ganzen Disput aufmerksam verfolgt und wollte keine Eskalation, sondern die Wogen glätten.

Künftig soll deine Tugend gewiss kein Sterblicher tadeln,
Welcher Verstand besitzt, anständige Worte zu reden.
Odyssee, 8. Gesang, Vers 238 – 239

„Wenn du zu Hause bei deinen Freunden sitzt, dann sollst du nur Lobenswertes über die Phaiaken erzählen können. Zeus hat uns viele Tugenden gegeben. Zwar sind wir in manchen Sportdisziplinen nicht die besten, aber so schnelle Läufer und so treffliche Ruderer findet man kaum anderswo in Hellas. Wir feiern zudem gerne Feste mit Musik, Dichtkunst und Tanz, lieben schöne Kleidung und Schmuck sowie ein warmes Bad und ab und zu die Stille zur Meditation. Jetzt aber wollen wir dir zeigen, welch treffliche Tänzer unsere Jünglinge sind. Man hole die Harfe für Demodokos, auf dass er uns aufspiele!"
  Das Volk machte Platz in der Mitte und die Tänzer begannen, sich an den Händen und Schultern fassend wie heute noch beim Sirtaki, den Reigen leicht und schwebend, wie Homer es nennt. Odysseus schaut den leichtfüssigen Tänzern begeistert zu.
  Dann begann Demodokos zur Freude aller die etwas anzügliche Ballade von Aphrodite, Ares und Hephaistos vorzutragen.
  Diese Geschichte hat im Grunde nichts mit der Heimkehr von Odysseus und seinen Prüfungen zu tun. Weil sie aber so kess und frech ist und uns einen Einblick in das Verhalten und Leben der olympischen Götter werden lässt, sei sie in Kurz-

form geschildert.

Wie so oft im Leben ist das Hässliche mit dem Schönen gepaart. So ist Aphrodite, die schöne Göttin der Liebe und Schönheit, mit Hephaistos liiert, ob man es als Ehe bezeichnen kann, sei dahingestellt. Hephaistos ist der Gott des Feuers und der Schmiedekunst, ein wahrer Künstler in seinem Fach, und entstammt den obersten Rängen des olympischen Adels: Zeus und Hera sind seine Eltern. Ein Makel allerdings ist ihm angeboren oder später zugefügt, darüber gibt es mehrere Ansichten: Er hinkt wegen eines Beinschadens. Aphrodite, nicht gerade ein Ausbund an ehelicher Treue, sucht daher oft Trost beim Kriegsgott Ares, einem ansehnlichen Burschen. Hephaistos weiss um diese Seitensprünge seiner Angetrauten und will den beiden einmal einen gehörigen Denkzettel verpassen.

Über dem Ehebett schmiedet er ein feines Netz, das er an den Bettpfosten verankert, so fein gesponnen, das kaum die Götter es erspähen können. Danach kungelt er mit Helios, dem Sonnengott, der mit seinem Sonnenwagen tagtäglich über die Erde fährt und alles sieht.

Eines Tages bricht er angeblich nach Lemnos auf. Ares liegt auf der Lauer und kaum hat Hephaistos das gemeinsame Schlafzimmer verlassen, ist flugs Ares zur Stelle und vergnügt sich im ehelichen Lager mit der keineswegs prüden Aphrodite. Sobald Helios die beiden im Visier hat, macht er dem Hephaistos Meldung über den Seitensprung seiner schönen Gemahlin. Wie das so geschieht, entzieht sich unserer Kenntnis, denn Telefon und Internet lagen noch in weiter Zukunft. Wahrscheinlich verlief es über Telepathie. Eilends, so schnell es ihm sein Hinkefuss erlaubte, kehrte er zurück. Jetzt hatte er beide in flagranti ertappt. Er liess sein feines Netz über die beiden herab

147

fallen. Jetzt lagen beide, fest aneinander gefesselt, gefangen und konnten sich nicht mehr rühren.

Was tat Hephaistos? Sie wieder befreien? Nein! Überhaupt nicht daran zu denken! Alle sollten die peinliche Situation sehen! Sämtliche Götter des Olymp rief er herbei, nur die Göttinen blieben schamhaft zurück, da ihnen der Anblick der beiden Nackten peinlich war.

Wie reagierten nun die Götter, als sie das gefesselte Duo sahen?

Unauslöschliches Gelächter erhob sich unter den Göttern,
Als sie das künstliche Werk des klugen Hephaistos erblickten
Odyssee, 8. Gesang, Vers 326 – 327

Dieser Satz ist insofern bemerkenswert, da er Einzug in die spätere Literatur gehalten hat. Man machte aus dem unauslöschlichem Gelächter das berühmte homerische Gelächter, das nach Voltaire ein Vorrecht der Götter ist. Etwas profanisiert, ist es noch immer ein schallender, lauter, lärmender Fröhlichkeitsausbruch.

Interessant sind auch die Frozzeleien der Götter untereinander beim Anblick der Gefesselten. Apollon konnte es sich nicht verkneifen, seinen Mit-Olympier Hermes zu fragen, ob er nicht auch einmal neben Aphrodite ruhen möchte. Unter erneutem Gelächter der Götter bejahte der geflügelte Gott die provokante Frage. Man kann nur vermuten, dass Aphrodite dies als Aufforderung zum Tanz ansah, denn es kam später noch zum trauten Tête-à-Tête, dem ein Kind entsprang, halb Junge, halb Mädchen, und daher Hermaphroditos genannt wurde.

Zurück zum Eifersuchtsdrama. Die beiden wurden dann

schliesslich erlöst, Ares machte sich eilends nach Thrakien davon, Aphrodite aber, noch immer lächelnd, entfloh nach Paphos auf ihre Heimatinsel Zypern.

Als Demodokos geendet hatte, erschallte ringsherum Beifall, auch Odysseus klatschte begeistert mit.

Nunmehr wollte Alkinoos stolz seine zwei Söhne Laodamas und Halios präsentieren und bat sie als beste Tänzer der Insel ihre Kunst zu zeigen.

Beide nahmen einen purpurfarbenen Stoffball und zeigten damit beim Tanzen und Springen ihre akrobatischen Künste.

Nach dieser Einlage ergriff Alkinoos wieder das Wort und wandte sich an die „ruderliebenden Männer" wie Homer sagt.

Hört mich an, der Phaiaken erhabene Fürsten und Berater.
Dieser Fremdling erscheint mir ein Mann von grossem Verstande.
Lasst uns ihm ein Geschenk, wie das Gastrecht fordert, verehren.
Odyssee, 8. Gesang, Vers 387 – 389

Kleidung und Gold soll es sein, so soll jeder seinen Boten schicken, um es gleich zu holen, auf dass „der Fremde gehe zum Nachtmahl mit Freude im Herzen". Und Euryalos, der Odysseus so kränkend behandelte, erhält eine Extra-Mahnung. Er möge den Fremden mit Worten und einem Geschenk versöhnen. Was er auch sogleich tut, indem er ihm sein wertvolles silbernes Schwert überreicht mit den poetischen Worten

„Sei mir gegrüsst, Vater und Gastfreund! Ward hier ein böses Wort gesagt, entraff es der Wind und führ es von dannen.

149

Dir aber mögen die Götter geben, dein Weib und die Heimat
Wiederzusehn, da fern von den Deinen du lange schon leidest. "

Odysseus zeigt sich ebenfalls versöhnlich mit folgenden
Worten
„Auch du, Freund, sei gegrüsst, die Götter mögen dich
segnen.
Mögest du späterhin nie nach diesem Schwerte dich sehnen
Das du mir eben hier mit versöhnenden Worten gegeben. "
Odyssee, 8. Gesang, Vers 408 – 415

Wahrhaft ein rührendes und versöhnliches Miteinander. Und
es folgte noch das übliche Gastmahl, es wurde gegessen und
gezecht. Odysseus war zuvor noch einmal in die Wanne gestiegen, um sich zu reinigen.

Nun hat Nausikaa ihren letzten Auftritt, schön und reizend
anzusehen, staunte sie ihrerseits über den stattlichen Helden
und bringt sich noch einmal mit schwerem Herzen in Erinnerung.

„Leb wohl, Fremder, und bleib in der Heimat auch meiner
Eingedenk, da du mir zuerst dein Leben verdanktest. "

Gerührt antwortete ihr darauf Odysseus

„O Nausikaa, Tochter des edlen Phaiakenbeherrschers!
So verleihe mir Zeus, der blitzeschleudernde Gatte der Hera,
Dass ich nach Hause komme und sehe den Tag meiner
Heimkehr.
Immer würd ich dich dort einem Gott gleich betend verehren

Alle die Tage, da du mich am Leben erhalten hast, Mädchen!"
Odyssee, 8. Gesang, Vers 461 – 468

Worte, die einen berühren. So hatte Odysseus noch nie bei einem Abschied gesprochen. Man spürt, dass der Held bis hierher eine grosse Wandlung erfahren hat und erstmals Gefühle an den Tag kommen, die sich gleich noch verstärken werden.

Denn Demodokos sitzt wieder mit im Saal und Odysseus bittet ihn, von seinem grossen Wissen um Menschen, Helden und Göttern zu deklamieren.

Er könne so herrlich darüber singen als ob er selbst dabei gewesen sei. Wie wäre es denn, wenn er über den Fall und die Zerstörung Trojas berichte.

Demodokos erfüllt diesen Wunsch nur allzugern und beschreibt die Geschichte des hölzernen Pferdes, der Insassen und wie die Trojaner darüber berieten, was mit diesem Pferd zu geschehen habe. Die einen wollten es, den Achaiern misstrauend, mit dem Schwert zerteilen, so zum Beispiel Laokoon, der darauf von zwei Seeungeheuern getötet wurde.

Andere wollten das Pferd die Klippen hinunter ins Meer stürzen. Aber die Geschichte musste ihrer Bestimmung nach weitergehen und so siegten die Befürworter, die das Pferd als Denkmal für die „besiegten" Griechen behalten wollten. Und dann, so erzählte Demodokos weiter, kämpften Odysseus und Menelaos tapfer unter der Obhut der Athene gegen die Trojer.

Odysseus konnte nicht anders, ihm rannen die Tränen vor Wehmut die Wangen herunter, wie ein Weib weinte er, so Homer.   Wiederum war es Alkinoos als einziger, der diese Trauer beobachtete. Er gebot dem Sänger Einhalt, denn die Traurigkeit und der Kummer des Fremden schienen einen

Grund in der vorgetragenen Geschichte zu haben. „Denn seit der blinde Sänger begann", so der König, „sah ich Tränen in den Augen unseres Gastes. Irgendeine schwere Last scheint auf seiner Seele zu liegen".

Nun erst, nach so langer Zeit, fragt Alkinoos nach dem Namen des Gastes, denn so sagt er „denn ganz namenlos bleibt doch unter den Sterblichen niemand, vornehm oder gering, wer einmal von Menschen gezeugt ward". Weiter fährt er fort: „Wo kommst du her? Wo liegt deine Heimat? Warum brichst du in Tränen aus, wenn der Sänger vom Schicksal der Griechen und der Stadt Troja singt?"

Nun kann Odysseus nicht anders. War er bislang fast inkognito bei den Phaiaken, ist es nunmehr wohl an der Zeit ausführlich über seine Reise nach dem Verlassen des zerstörten Trojas zu berichten.

Damit endet der achte Gesang und die folgenden Abenteuer, mit dem brutalen Überfall auf die Kikonen beginnend, haben wir bereits betrachtet.

Die Heimkehr nach Ithaka

Der dreizehnte Gesang beginnt mit dem Ende der Abenteuer-Erzählung Odysseus' am Hofe von Alkinoos.

Nun drängt es den Helden zur Heimfahrt. Aber er hat die Rechnung ohne die feierfreudigen Phaiaken gemacht. Erst einmal wird dem Gott des Donners und der Blitze ein Stier geopfert, wahrscheinlich, um ihn für die restliche Fahrt von Odysseus gnädig zu stimmen. Dann wird wieder ein Gastmahl mit viel Fleisch, Wein und Gesang zelebriert, während Odysseus etwas besorgt auf die untergehende Sonne schaut. Er hat alles, was er zur Heimreise bedarf: Tüchtige Ruderer, ein pfeil-schnelles Schiff, eine Unmenge von Geschenken und schliess-lich wird er noch mit Reiseproviant sowie Wein eingedeckt.

In alten Zeiten achtet man noch auf die Form, so richtet Odys-seus noch einige Wortes des Dankes an den König. „Mögen die Götter euch mit Tugend und Heil segnen und eure Insel in Zukunft von allem Unglück verschont bleiben!"

Ein wenig unruhig rutscht Odysseus auf seinem Stuhl hin und her, denn er kennt inzwischen die Zechfreudigkeit der Phaia-ken. Aber Alkinoos hat anscheinend die Ruhe gepachtet, denn er beauftragt seinen Mundschenk Pontinoos noch einmal, die Gläser mit „herzerfreuendem" Wein zu füllen, um zugleich die Götter des Olymp auf eine glückliche Heimkehr einzustimmen. Ja, so ist es, ein Grund zum Anstossen findet sich immer, da bildeten die Alten Griechen keine Ausnahme.

Odysseus, mit seinen Gedanken bereits auf der Heimreise, muss sich wohl oder übel noch einmal erheben, reicht der Kö-nigin Arete den Becher und wünscht ihr ein langes Leben „bis sie das Alter sanft beschleicht und der Tod".

Dann hat es Odysseus eilig, zum Schiff hinab zu gehen. Die Begleiter hatten ihm auf dem Hinterverdeck ein Lager aus einem Leinenteppich mit einem Polster bereitet, auf dass er ruhig schlafe. Man löste die Leinen und die Ruderer legten sich in die Riemen. Odysseus fielen die Augenlider zu und er sank in einen tiefen Schlaf, den Homer „todesähnlich" nennt.

Jetzt draussen auf dem offenen Meer zeigten die Ruderer ihre Künste und Fähigkeiten. Homer beschreibt es plastisch: Wie vier Hengste feurig, von der Peitsche angetrieben, einen Wagen anziehen, ja sogar schneller als die Falken, die ja die schnells-ten der Vögel sind. Hinter dem Schiff schäumt eine gewaltige

Heckwelle.

Als sich der Morgenstern zusammen mit der Morgenröte am Osthorizont zeigen, taucht die Küste der Insel Ithaka auf. In einer windstillen Bucht, dem Meeresgreis Phorkys gewidmet, und nahe der Höhle von heiligen Quellnymphen, setzen die Ruderer das Boot mit Schwung an Land.

Odysseus schlief noch immer, so packten ihn die Seeleute, die sich in der Gegend anscheinend gut auskannten, und legten ihn an Land, zusammen mit seinen ganzen Geschenken.

An dieser Stelle müssen wir uns das Geschehen einmal deutlich vor Augen führen und gedanklich etwas nachhaken. Was mag Homer sich dabei gedacht haben?

Stellen Sie sich, verehrte(r) Leser(in) einmal vor, sie kämen nach zwanzig Jahren Abwesenheit wieder zurück zu Ihrer Familie und in Ihre Heimat. Würden Sie sich nicht an die Reling stellen und mit heissem Herzen Ihre Heimat am Horizont und dann aus der Nähe erspähen wollen?

Würden Sie nicht darauf gespannt sein, was sich in der Zwischenzeit seit Ihrer Abreise verändert hat? Aber Odysseus schläft, ja, er schläft sogar beim Transport vom Schiff aufs Land! Beim besten Willen kann man sich nicht vorstellen, dass die Ruderer ihn mit Samthandschuhen und ohne Kommentar einfach so am Land deponiert haben!

Was also mag Homer bewegt haben, in dieser so entscheidenden Szene die Hauptperson halbwegs im Tiefschlaf agieren zu lassen? Oder noch besser gesagt, den bis dahin so überaus aktiven Helden in einen Passiv-Erlebnis-Zustand zu versetzen? Der Wein allein am Hofe von Alkinoos kann es nicht gewesen sein, dazu war Odysseus viel zu sehr auf die Heimreise bedacht als sich dort noch einen Super-Vollrausch anzutrinken.

Zudem möchte man Odysseus schon einiges an Standfestigkeit was die Promille anbetrifft zutrauen. Und der Wein wurde ja stets mit Wasser verdünnt.

Oder – das ist jetzt eine ganz provokative Frage – hat Odysseus eventuell die ganze Geschichte nur geträumt und erwacht jetzt aus seinem Traum. Homer tituliert ihn immer wieder als den Erfindungsreichen, den Listenreichen – können wir ihm daher auch das Attribut des Phantasiereichen zubilligen? Obendrein hat Athene die Gegend in Nebel gehüllt, damit ihn keiner erkenne.

Athene spielt gerade in dieser letzten heissen Phase der Odyssee eine eminent wichtige Rolle. Ständig ist sie beim leisesten Bedarf an der Seite ihres Schützlings und zudem an der Seite von Telemachos, dass man sich fragen muss, ob sie im übrigen Hellas ihrer Rolle als Göttin der Weisheit überhaupt noch nachkommen konnte.

Gegen die Unterstellung eines Traums wiederum sprechen die folgenden Szenen, über die gleich zu sprechen sein wird. Uns ist leider nicht bekannt, welch dramaturgischer Effekt von Homer mit dieser Szene beabsichtigt wurde.

Im Titel-Zusatz dieses Buches heisst es: Szenen einer Heimreise. Damit könnte das Buch nun eigentlich sein Ende finden, denn es ist erreicht, was Odysseus wünschte. Ist es das wirklich?

Die „Odyssee" ist ebenso wie die „Ilias" in vierundzwanzig Gesänge aufgeteilt. Bedenkt man, dass Odysseus erst mit dem dreizehnten Gesang von der Insel der Phaiaken nach Ithaka absegelt und zwischen Scheria und Ithaka keine Prüfungen mehr auf ihn lauern, so verbleiben noch immerhin über elf Gesänge, die mit Leben erfüllt sind und in denen noch etwas geschehen wird. Er ist also noch nicht völlig daheim. Die Heimreise kann erst dann als erfüllt gelten, wenn Mann und Frau, wenn Odysseus und Penelope wieder als Paar vereint sind.

Eine tragische Zwischen-Episode, die die tapferen Ruderer der Phaiaken betrifft, gilt es an dieser Stelle noch einzuschieben.

Poseidon ist natürlich die sichere Ankunft des Helden auf Ithaka nicht ganz verborgen geblieben. Jetzt beginnt im Olymp ein ernsthaftes Gespräch unter Brüdern, zwischen dem Erderschütterer und dem Wolkenversammler. Poseidon beklagt sich bei Zeus: Seine Ehre bei den Sterblichen wäre dahin, wenn diese Taten keine Folgen hätten. Zwar war ihm bewusst, dass es Zeus'Wille war, Odysseus irgendwann nach Hause kehren zu lassen. Aber die Phaiaken hätten ihm sträflicherweise dabei geholfen. Nicht nur das, jede Menge Geschenke hätten sie ihm noch mitgegeben, mehr noch als er in Troja erbeutet hatte.

Zeus, vor dem er doch etwas Respekt hatte, erlaubt ihm, seine Rachegelüste an den Phaiaken auszulassen. Und gerade, als die schnellen Ruderer mit ihrem Schiff fast nach Scheria zurückgekehrt sind, schlägt Poseidon das Schiff mit der flachen Hand und verwandelt es in einen Fels, der vor der Küste im Meer versank.

Eigentlich hatte Poseidon in seinem Zorn – so gab es eine frühere Weissagung an – noch mehr vor, er wollte in seiner Funktion als Erderschütterer noch ein gewaltiges Erdbeben um die Hauptstadt der Phaiaken initiieren, aber Alkinoos versuchte ihn mit der Opferung von zwölf erlesenen Stieren zu besänftigen.

Zurück zu Odysseus.

Inzwischen war er aufgewacht, schaute sich mit ungläubigen Augen umher und wähnte sich schon wieder bei irgendeinem gefährlichen Volke. „Weh mir! Zu welchem Volke bin ich nun wieder gekommen? Wo verberge ich die ganzen Schätze? Womöglich bin ich bei sitten- und ehrlosen Barbaren gelandet? Und auch die Phaiaken, was haben sie mir alles heilig versprochen, und mich dann so getäuscht!"

Nun begegnen wir einem kleinkarierten Odysseus. Er beginnt seine Schätze zu zählen, ob ihm die Phaiaken nicht irgendetwas gestohlen hätten oder irgendeiner während seines Schlafes. Aber es fehlte nichts. Die zweite Enttäuschung für den Leser folgt auf dem Fusse: Odysseus beginnt laut zu klagen und zu jammern, denn er glaubte noch immer nicht an eine Heimkehr.

Athene vernimmt dieses Seufzen und lässt alles stehen und liegen, um in Gestalt eines jungen Schafhirten nach Ithaka zu eilen. Odysseus ist erfreut, eine Menschenseele zu sehen und bittet um freundliche Aufnahme. Dann erkundigt er sich, wo er sich eigentlich befinde, auf einer Insel oder irgendwo an einer Küste?

Athene nimmt ihn etwas auf den Arm: „Ja, kennst du denn diese Insel nicht? Sie ist in Ost und West berühmt. Zwar ist sie etwas rauh und felsig und nicht gerade für Pferd und Reiter geschaffen. Aber schau dich um, du siehst Getreidefelder, Ziegenherden und viel Regen, der die Felder fruchtbar macht. Schattige Wälder und viele Quellen. Du solltest diese Insel doch kennen, deren Ruf sogar bis nach Troja gedrungen ist – du bist auf Ithaka."

Im Inneren freut sich Odysseus, lässt sich aber nach aussen nichts anmerken und tischt der Athene erst einmal eine seiner Lügengeschichten auf, um seine Identität nicht preiszugeben. Athene durchschaut natürlich das Phatasiegespinst sofort, schmunzelt, streicht ihm über das Haar und verwandelt sich plötzlich in ein Mädchen.

„Auch zum Lügen gehört Geist und Erfindungsreichtum. Kaum könnte dich einer der Götter darin übertreffen. Aber du hast ja schon als Knabe mit diesen erdichteten Worten geglänzt und kannst auch mir gegenüber einfach davon nicht lassen! Denn ich, Pallas Athene stehe vor dir, die dich in vielen Gefahren beschützte und auch für dich bei den Phaiaken agierte. Ich bin gekommen, dich unter meine Fittiche zu nehmen, denn in deinem eigenen Palast wartet noch einiges an Gefahren auf dich, Also bleibe weiter inkognito und vertraue hier auf der Insel keinem deine wahre Leidensgeschichte an."

Odysseus bedankt sich bei ihr für die Hilfe, die sie ihm vor Troja gewährte und später bei den Phaiaken. Aber so ganz kann er sich es nicht verkneifen, einen kleinen Vorwurf loszuwerden. Denn bei den sonstigen Gefahren hätte ihn Athene doch ganz schön im Stich gelassen. „Aber", so schliesst er, „verrate mir, bin ich wirklich im lieben Vaterlande?"

„Immer konnte ich nicht an deiner Seite sein", entgegnete ihm Athene, „denn ich scheute mich, gegen Poseidon zu kämpfen, der schliesslich der Bruder meines Vaters ist. Und das Meer ist nun einmal sein ureigenes Revier. Du kannst mir glauben, du bist in deiner Heimat angekommen."

Sie löste den Nebel auf und auf einmal konnte Odysseus seine Heimat, die Phorkys-Bucht, den schattenspendenden Olivenbaum und den Eingang zur Nymphengrotte schauen. Gerührt, mit Tränen in den Augen sank Odysseus auf die Knie und küsste die Heimaterde.

Die blauäugige Tochter des Zeus half ihm beim Verstauen der Geschenke, drängte danach aber, das weitere Vorgehen zu besprechen.

Im Palast des Odysseus taten sich seit drei Jahren eine Reihe von schamlosen Freiern gütlich, die die treue Penelope zur Heirat mit eincm von ihnen drängten. Nach ihrem Verständnis war Odysseus schon längst tot, seine Gebeine lagen irgendwo auf dem Grund des Meeres, denn seit der Abreise von Troja vor zehn Jahren hatte man nichts mehr von ihm gehört.

Die Anzahl der Freier war erklecklich. Homer beschreibt es akribisch:

Zweiundfünfzig Jünglinge aus Dulichion, aus Same vierundzwanzig, von der Insel Zakynthos sind es zwanzig und von der kleinen eigenen Insel sind es auch zwölf. Summa summarum hundertundacht Kostgänger, die tagsüber und des abends mit Essen und Trinken versorgt werden wollten und dabei die Vorräte des Hofes ganz schön reduzierten, wie wir gleich vom Schweinehirten Eumaios hören werden.

Dieser Truppe von Schmarotzern den Garaus zu machen und sie für ihre Schandtaten zu bestrafen – eine gewaltige Aufgabe, die da noch auf Odysseus wartete. Fast schon befürchtete er, ähnlich wie Agamemnon im eigenen Hause umgebracht zu werden, aber Athene verspricht aktive Mithilfe:

Gern steh ich dir bei; du sollst mein nimmer entbehren,
Wenn wir die Arbeit einst beginnen. Auch hoff ich, es werde
Mancher mit Blut und Gehirn den weiten Boden besudeln
Von der Rotte der Freier, die deine Habe verzehren.
Odyssee, 13. Gesang, Vers 392 – 395

Ganz schön brutal für eine Frau, kann man da nur sagen. Auch, wenn es eine Göttin ist.

Fast könnte es Ares in Frauenkleidern sein.

159

Die Planung Athenes geht weiter: Niemand auf der Insel, schon gar nicht die Freier, sollen erfahren, dass Odysseus wieder gelandet ist. Daher verwandelt ihn Athene in einen hässlichen Bettler, indem sie ihn mit der Rute berührt. Homers Beschreibung ist so farbig, dass sie wiedergegeben werden soll

Siehe, da schrumpfte das schöne Fleisch der biegsamen
Glieder;
Und die bräunlichen Haare des Hauptes verschwanden,
und ringsherum
Hing an den schlaffen Gliedern die Haut des alternden
Greises;
Triefend und blöde wurden die anmutstrahlenden Augen.
Statt des Gewandes umhüllt ihn ein hässlicher Kittel und
Leibrock,
Beide zerlumpt und schmutzig, entstellt von hässlichem
Rauche.
Odyssee, 13. Gesang, Vers 429 – 435

Zum Glück hatte Odysseus keinen Spiegel bei sich, um sich in diesem vogelscheuchenähnlichen Habitus anschauen zu müssen.

„So wird dich niemand wieder erkennen", meint Athene, „nun mache dich auf und besuche deinen früheren Schweinehirten Eumaios, der dir noch immer nachtrauert und deinem Sohn treu ergeben ist. Was Telemachos anbetrifft, er ist gerade in Sparta. Ich werde seine Rückkehr veranlassen. Die unverschämten Freier trachten danach, ihn umzubringen. Mach dir aber keine Sorgen, ich werde es zu verhindern wissen"

Sprach es und machte sich auf in das heilige Lakedaimon.

Erste Kontakte auf Ithaka

Wie von Athene empfohlen brach Odysseus auf, um den Schweinehirten zu suchen. Er fand ihn sitzend vor seinem Haus. Kaum jedoch hatten seine vier Hunde den „Fremden" entdeckt, rasten sie laut kläffend auf Odysseus zu. Zum Glück sah Eumaios es noch rechtzeitig und trieb sie mit Steinen weg. „Das ging ja gerade noch einmal gut", meinte Eumaios, „es hätte nicht viel gefehlt und sie hätten dich in Stücke gerissen! Das hätte mir gerade noch gefehlt, wo ich doch schon genug Ärger mit dem Freier-Gesindel habe, denen ich jeden Tag gemästete Schweine zu deren Gelage schicken muss. Aber komm zu mir rein und wenn ich dich mit Brot und Wein versorgt habe, dann erzähle mir, woher du kommst."

Odysseus bedankte sich für die Freundlichkeit mit den Worten: „Zeus und die anderen Götter mögen dir alles bescheren, was du am meisten verlangst."

„Aber nein", entgegnete ihm Eumaios „die Gastfreundschaft verbietet es mir, einen Fremden abzuweisen, den mir vielleicht Zeus geschickt hat. Ebenso gern würde ich hier meinen Herrn begrüssen, dem leider die Götter die Heimkehr vom trojanischen Schlachtfeld verwehrt haben. Er war ein gütiger Herr. Aber er kam wohl um. Mögen die Götter das Geschlecht der Helena ins Verderben stürzen, weil ihretwegen so viele tapfere Männer den Heldentod gestorben sind!"

Nachdem er sich seine Sorgen und Nöte von der Seele geredet hatte, ging er nach draussen zu den Schweineställen, schnappte sich zwei Ferkel, schlachtete sie, steckte das Fleisch auf Spiesse und briet sie über dem Feuer.

„Lass es dir schmecken", forderte er Odysseus auf, „für uns

Hirten gibt es nur das Fleisch der Ferkel. Die gemästeten Schweine sind nur für die unersättlichen Freier, die jeden Tag an ihren Gelagen Unmengen von Fleisch verzehren, ganze Fässer Wein leeren und sich mit den Mägden vergnügen. Das schlimme ist ja, dass diese Schmarotzer nicht an ihre Wohnstätten zurückkehren, im Gegensatz zu den auch nicht zimperlichen Piraten, die kommen, die Gegend ausplündern und mit der Beute wenigstens wieder verschwinden."

Odysseus kommt beim Essen der Groll auf die masslosen Freier hoch, möchte am liebsten im Palast für Ordnung sorgen, reisst sich aber zusammen.

Um sich ein genaueres Bild zu verschaffen, spielt er den Unwissenden und horcht Eumaios aus.

„Berichte mir von deinem Herrn. War er dabei, als die Achaier nach Troja ausschwärmten? Du musst wissen, ich bin viel herumgekommen, vielleicht bin ich ihm irgendwo begegnet!"

„Ach", erwiderte darauf der treue Hirte, „diese Art von Geschichten kenne ich zur Genüge. So etliche Reisende haben sich hier in den Palast eingeschlichen und behaupteten, Odysseus begegnet zu sein, um freundlich bewirtet zu werden. Aber es waren alles nur leere Luftblasen – nicht einer sagte die Wahrheit. Der Kummer meiner Herrin wurde nur grösser. Ich fürchte, streunende Hunde, die Vögel des Himmels oder raubgierige Fische haben ihn gefressen oder seine Gebeine bleichen irgendwo im Sand einer fernen Küste. Auch ich stamme aus fernem Land und bin, von Piraten verschleppt, an seinen Vater Laërtes verkauft worden. So gross mein Schmerz über den Verlust von Vater und Mutter war, ebenso gross ist mein Schmerz, dass mein Herr Odysseus uns verlassen hat. Denn er war gütig wie ein Vater zu mir."

162

Odysseus möchte dem treuen Eumaios etwas Zuversicht vermitteln: „Du magst es mir nicht glauben, aber ich bin überzeugt, ja, ich will schwören, dass Odysseus auf dem Heimweg ist. Es wird nicht mehr lange dauern und dein König kehrt heim und wird all die Leute bestrafen, die seine Gattin und den Sohn beleidigt haben. Wenn alles so eintrifft, wie ich es sage, dann solltest du mir ein besseres Gewand als das was ich trage zur Belohnung spendieren."

Eumaios wiegt traurig und bedenklich seinen Kopf: „Ich glaube, Alter (so redet er ihn an), die Belohnung werde ich dir wohl kaum überreichen müssen. Jetzt trinke deinen Wein und lass uns über etwas anderes reden, denn ich werde immer traurig, wenn ich an meinen Herrn denken muss. Aber jetzt erzähl mir doch einmal, woher du kommst und welches Schiff dich hierher gebracht hat, denn zu Fuss bist du gewiss nicht gekommen."

Jetzt ist Odysseus wieder in seinem fabulatorischen Element und tischt dem gutgläubigen Schweinehirten eine ellenlange Geschichte auf, die uns aber von der Zielsetzung dieses Buches her nicht so interessiert.

Eumaios jedoch scheint der ganzen Geschichte nicht so recht zu vertrauen, zumindest nicht, was die Rückkehr seines Herrn anbetrifft.

Nimmer glaub ich es dir! Was zwingt dich, ehrlicher Alter,
So in den Wind zu lügen? Ich weiss zu gut von der Heimkehr
Meines Herrn Bescheid. Er ist den Unsterblichen allen
Ganz verhasst! Nicht einmal vor Troja liess man ihn sterben
Noch in den Armen der Freunde, nachdem er den Krieg
  vollendet,

Denn ein Denkmal hätt ihm das Volk der Achaier errichtet.
Odyssee, 14. Gesang, Vers 364 – 369

So geht das ein wenig hin und her. Dann treffen die anderen Hirten vom Feld mit ihren Schweinen ein. Eumaios hielt sie an, das fetteste der Tiere für den Gast und für sie selbst zu schlachten, denn allzu lange mussten sie die besten Tiere immer für den Hof abliefern. Er garte das Fleisch und dann zerteilte er es in sieben Portionen, eine für die Nymphen, eine für Hermes, den Hüter der Herden, eine grosse für den Gast und die restlichen vier für die Männer. Nach dem üppigen Essen legten sich alle zur Ruhe. Eumaios bereitete Odysseus ein Lager aus Schaffellen am Feuer, während er selbst sich in die Nähe seiner Herden legte.

Vater und Sohn – die Begegnung

Der Vater ist auf Ithaka – der Sohn Telemachos hingegen gerade in Sparta. Wie sollen sie nun zusammenkommen? Athene, die Göttin für alles, zumindest hier im Endstadium der Odyssee, ist schon da und drängt ihn zur Heimkehr, denn die Situation im Palast droht zu eskalieren.

Penelope gerät immer mehr in Bedrängnis, einen der Freier zu wählen – man tippt auf Eurymachos, der ihr die grössten Geschenke überreicht hat. „Wer weiss", so sagt Athene, „wie Frauen sind. Wenn sie verheiratet sind, dann übertragen sie ihrem Mann einen Grossteil der Güter und die Kinder der vorherigen Ehe gehen leer aus."

Athene weiss und kennt alles, auch die hinterlistigen Pläne der Freier, dem Sohn bei der Rückkehr auf See aufzulauern und ihn zu töten. Daher gibt sie ihm noch den Ratschlag, sich irgendwo anders auf der Insel an Land setzen zu lassen.

Am Abend trifft Telemachos neben Menelaos auch noch Helena, die ihm schöne Kleider für seine zukünftige Frau mitgibt. Ob Telemachos aber jemals in den Stand der heiligen Ehe getreten ist, wird uns nicht überliefert.

Helena – die göttliche unter den Frauen, wie Homer sie bezeichnet – scheint in den zwanzig Jahren ihrer Abwesenheit kaum gealtert zu sein.

Und wie es ausschaut, hat Menelaos ihr den langen Seitensprung längst verziehen. Ein sehr toleranter Mann, wie es scheint. Von Telemachos ist nicht bekannt, wie die noch immer schöne Helena auf ihn gewirkt hat.

Manchmal frage ich mich, wie sie wohl auf uns gewirkt hätte, mit der Erinnerung an einen zehnjährigen Krieg und Tausenden von Gefallenen.

Homer enthält sich jeder negativen Beurteilung – schönwangig, göttlich, mit den schönen Haaren – so überhäuft er sie mit Komplimenten. Manch ein Autor hat sich in seine eigenen Geschöpfe verliebt!

Homer beschreibt ausführlichst die Rückreise des Telemachos. Wir hingegen verlassen den Sohn und fliegen, der Göttin Athene gleich, zurück nach Ithaka.

Dort sass Odysseus am gleichen Abend mit Eumaios und den anderen Hirten beim Essen. „Hört mich an, ihr Freunde", so beginnt der Held, „ich möchte euch nicht länger zur Last fallen und habe mir vorgenommen, morgen in die Stadt zu gehen und dort mein Leben als Bettler zu fristen. Ich wäre euch aber dankbar, wenn mir einer den Weg zeigen möchte. Gern würde ich auch einmal im Palast vorbeischauen und der Königin berichten, was ich über Odysseus weiss. Vielleicht akzeptieren mich auch die Freier, wenn ich mich hilfsbereit zeige."

Jetzt gerät Eumaios etwas in Rage: „Wie kommst du auf solche unsinnigen Gedanken. Glaubst du allen Ernstes, dass dich die Freier dort willkommen heissen, in diesem Aufzug! Ihre Diener sind so wie sie: Jung und gut angezogen, ihre Haut und ihr Haar gepflegt und duftend. Dort bist du fehl am Platze. Bei uns hier nimmt niemand an dir Anstoss! Und wenn der Sohn von Odysseus heimkehrt, so wird er dir neue Kleider geben, denn wir Hirten haben nicht viel zum Verschenken!"

Nach diesem Test lenkt Odysseus ein und wünscht ihm weiterhin den Beistand des Göttervaters. „Wenn du nun darauf bestehst, dass ich hierbleibe, so will ich warten bis Telemachos kommt. Aber erzähl mir doch ein wenig über die Mutter und den Vater des Odysseus. Leben sie noch?"

Etwas bedrückt antwortete ihm da Eumaios: „Laërtes, der Vater, ist noch am Leben, aber er hat keine Freude mehr daran, denn zu sehr trauert er über den Verlust des Sohnes und über den Tod seiner Frau Antikleia, die ihrerseits aus Gram über den verlorenen Sohn ihr Leben aushauchte. Sie war wie eine Mutter für mich, denn sie zog mich auf wie einen Sohn, als mich die Seeräuber an Laërtes verkauft hatten."

Da man gerade so beieinander sass, erzählte Eumaios noch in langen Worten, wie er auf diese Insel gekommen war.

Wir sind nunmehr aber gespannt auf die Rückkehr des Sohnes. Wie von Athene empfohlen, liess er sich von den Seeleuten an einem anderen Ufer der Insel absetzen und ist jetzt auf dem Weg zu Eumaios.

Die Hunde schlagen an und laufen schwanzwedelnd auf Telemachos zu.

Eumaios erhebt sich erfreut-erschrocken, lief dem Rückkehrer entgegen und herzte ihn wie ein Vater seinen Sohn.

Wie aber muss Odysseus zumute gewesen sein? Nach zwanzig Jahren den eigenen Sohn wieder zu sehen, den er zuletzt als Säugling im Arm gehalten hatte?

In der Hütte erhob er sich, um seinem Sohn Platz zu machen. Telemachos jedoch heisst ihn sitzen zu bleiben, denn es gibt genügend Sitzgelegenheiten für jeden.

Nachdem sie gegessen hatten – Telemachos hatte grossen Appetit mitgebracht – wandte er sich an den Hirten und fragte: „Woher kommt dieser Gast und welche Schiffe brachten ihn her? Denn (diese Formulierung haben wir schon einmal gehört) er wird wohl kaum zu Fuss gekommen sein?"

Eumaios klärt ihn ein wenig auf. Telemachos hat wohl intuitiv Gefallen an diesem fremden Bettler gefunden und bittet den Hirten, ihn ja nicht in die Stadt zu den Freiern zu schicken. Es ist einfach zu gefährlich, dass sie in ihrem ständigen Rausch ihm etwas antun. Eumaios möge ihn noch ein wenig da behalten, bis er ihn mit neuen Kleidern versorgt habe.

Nun hat Odysseus wieder einen guten Part in der „Odyssee". Homer lässt ihn wieder die passenden Worte finden, die in einem Gegenüber einfach Sympathie erzeugen müssen.

„Mir blutet das Herz vor Mitleid", so hebt er an, „wenn ich sehe, wie sich die Freier im Hause benehmen und dich als Jüngling missachten! Wäre ich nur noch selbst in der Kraft meiner Jugend, mein Kopf sollte mir abgeschlagen werden, würde ich nicht in den Palast eilen und mit dem Räubergesindel aufräumen. Und würde ich auch als einzelner von dieser Schar besiegt, so wäre es doch ehrenvoller im eigenen Haus zu sterben als diesem schmählichen Tun länger zuzuschauen."

Darauf entgegnete Telemachos: „Siehe, ich bin nur das einzige Kind und daher trachten mich die Freier aus dem Weg zu schaffen. Dann wäre kein Erbe mehr da. Und nun", sagte er zu Eumaios gewandt, „geh zu Penelope und auch zu Laërtes und erzähle ihnen leise, dass ich heil wieder zurückgekommen bin."

Und nun kommt die grosse Szene, in der der Vater sich dem Sohne zu erkennen gibt. Aber zuvor hat noch Athene wieder ihre fügenden und formenden Hände im Spiel. Kaum sieht sie Eumaios davoneilen, näherte sie sich als hübsches Mädchen und erschien dem edlen Odysseus und winkte ihn heraus. Homer beschreibt es in vortrefflichen Worten

Aber Telemachos sah und merkte nichts von der Göttin;
Denn nicht allen sichtbar erscheinen die seligen Götter:
Nur die Hunde sahn sie, und sie bellten nicht, sondern
  entflohen
Winselnd und zitternd nach der anderen Seite des Hofes
Odyssee, 16. Gesang, Vers 160 – 163

Wie man sieht, wusste Homer damals schon, dass Tiere für übersinnliche Wahrnehmungen noch wesentlich offener sind als der verstandesgeprägte Mensch. Man weiss ja auch, dass Tiere vor Naturkatastrophen unruhig werden, das Drohende spüren und nach Möglichkeit fliehen.

Wenn nun Athene wieder auf der Bildfläche erscheint, ist sicher etwas Entscheidendes geplant. Zum anderen ist gerade das häufige Auftreten einer Göttin ein Indiz dafür, dass man die gesamte Odyssee nicht als Tatsachen-Bericht ansehen sollte, sondern mehr als Dichtkunst, als Zeugnis einer bewundernswerten Phantasie am Morgenhimmel der westlichen Zivilisation.

Die Rede der Göttin an Odysseus ist wieder so interessant, dass sie wiedergegeben werden soll

Edler Laërtiad', erfindungsreicher Odysseus,
Rede mit deinem Sohn und gib dich ihm zu erkennen,
Dass ihr beide, den Freiern ein blutiges Ende bereitend,
In die berühmte Stadt der Ithaker geht. Ich selber
Werd euch nicht lange verlassen, mich drängt die Begierde
* zum Kampf.*
Odyssee, 16. Gesang, Vers 167 – 171

Wie man sieht, haben die Götter der Alten Griechen noch nichts von christlicher Einstellung, sondern stehen noch immer auf der Stufe, auf der sich auch das Alte Testament befindet. Blutig, Kampf, Rache – das sind allzumenschliche Eigenschaften. Auge um Auge, Zahn um Zahn.

Das Neue Testament und die Bergpredigt Jesu Christi liegen noch ein paar Jahrhunderte in der Zukunft.

In einer früheren Passage habe ich bereits erwähnt, dass Athene eine vielbeschäftigte Dame zu sein scheint, was sie mit dieser Aussage auch bestätigt. Sie hat noch andere Verpflichtungen und muss daher mal wieder weg und die beiden verlassen.

Zuvor jedoch vollzieht sie noch eine Wandlung, wie es eben nur Götter können. Wieder berührt sie Odysseus mit ihrer goldenen Rute. Und siehe da, aus dem zerlumpten Bettler wird ein jugendlicher Schönling, hochgewachsen, heldenhaft, mit vollen Wangen, braungebrannt, das graue Haar in dunkles ver-

169

wandelt und edler Kleidung. In unserer Zeit des Jugendwahns hätte Athene, wäre sie Wellness-Beraterin und -Therapeutin, bestimmt lange Wartezeiten und immer ein brechend volles Wartezimmer.

Odysseus schaut verwundert und dann stolz an sich herunter und betritt wieder die Hütte. Können Sie sich, verehrte Leser, jetzt das erstaunte Gesicht des Sohnes vorstellen, der aber noch nicht weiss, dass der Vater vor ihm steht.

„Du siehst so ganz anders aus als vorhin, Fremder" stammelt Telemachos höchst verwundert, „du hast nicht mehr die alten Kleider an und auch deine Gestalt hat sich wundersam verändert. Wahrlich, du musst ein Gott sein, denn nur Götter sind zu solchen Wandlungen fähig. Ich denke, wir müssen dir huldigen und dir Opfer bringen, auf dass du uns gnädig gestimmt bist."

Odysseus schritt lächelnd auf ihn zu: „Ich bin kein Gott und bin auch keinem Unsterblichen ähnlich. Ich bin dein Vater, um den du sich so gegrämt hast."

Er umarmte den Sohn und küsste ihn und die Tränen liefen ihm über die Wangen, die er so lange zurückgehalten hatte.

Doch Telemachos ist noch etwas skeptisch. „Nein, du bist nicht mein Vater Odysseus. Täuscht mich vielleicht ein Dämon, um mein Leid noch grösser werden zulassen. Denn was ich gerade mit meinen eigenen Augen gesehen habe, das kann kein Sterblicher tun, es sei denn mit Hilfe der Götter!"

„Doch, glaube mir", so Odysseus, „ich bin es. Aber die blauäugige Tochter des Zeus, Athene, hat mir dabei geholfen. Denn nur die Götter vermögen einen Menschen zu wandeln, in einen Edlen oder in einen Bettler, ganz wie sie wollen."

Jetzt erst kommt die grosse Umarmung: Telemachos geht auf seinen Vater zu, fällt ihm um den Hals und weint bitterlich.

170

Homer beschreibt es so rührend: Und in beiden erwachte ein grosses, stilles Verlangen zu trauern. Sie weinten lauter und kläglicher als Vögel, denen man die Jungen aus dem Nest geraubt hatten, bevor sie flügge geworden sind.

Wie man sieht, auch Helden können und dürfen weinen und sind darum nicht unmännlich. Man muss dazu bedenken, dass es zwanzig Jahre sind, die beide getrennt sind, ohne auch nur einen Hauch vom anderen zu wissen.

Heutzutage gibt es die Post, eventuell noch das Fax und als ultima ratio das Handy und die E-Post – solange man weiss, wo der andere sich befindet und man seine Daten hat.

Telemachos möchte natürlich alles ganz genau wissen und fragt wie er denn zurück nach Ithaka gekommen sei. Auch er schliesst wieder mit dem Satz: „Zu Fuss bist du ja wohl nicht gekommen."

Odysseus macht es diesmal kurz und erzählt ihm im Stenogramm-Stil über seine Ankunft. Dann aber drängt es ihn, endlich etwas zu tun, um die schändlichen Freier zu bestrafen. Telemachos antwortet ganz diplomatisch: „Vater, ich habe von deinem Ruhm und deinen Taten vernommen, aber hier haben wir es mit über hundert Gegnern zu tun. Ohne Hilfe dürfte dies ein schwieriges Unterfangen werden."

Odysseus verweist beruhigend auf die Hilfe durch Athene und im Notfall auch durch Zeus. Der Sohn entgegnet ihm darauf:

Wahrlich, mächtige Helfer sind jene, welche du nennest!
Denn sie sitzen hoch in den Wolken, und herrschen mit
  Allmacht
Über die Menschen auf Erden und alle unsterblichen Götter.
Odyssee, 16. Gesang, Vers 263 – 265

Der Vater, durch Athene inspiriert, enthüllt nun seinen Plan. Morgen soll Telemachos zurück in den Palast gehen und er selbst wird wieder (Athene sei Dank) in seiner Bettler-Uniform folgen. „Egal was passiert, auch wenn die Freier mich beleidigen", so Odysseus zu seinem Sohn, „bleibe ruhig und lass dir nichts anmerken. Ich werde damit schon fertig werden. Und nun das wichtigste: Wenn ich dir ein Zeichen gebe, dann entferne sämtliche Waffen von den Wänden bis auf zwei Schwerter, zwei Spiesse und zwei Schilde – die brauchen wir selbst. Sollten die Freier fragen warum, dann sag ihnen, die müssen wieder mal geputzt werden.

Vor allem: Niemand darf erfahren wer ich bin, auch deiner Mutter gegenüber musst du Stillschweigen bewahren, sonst könnte sie mich vor Freude verraten."

Inzwischen war auch die Truppe mit ihrem Anführer Antinoos vom Meer zurückgekehrt, die Telemachos abfangen und töten sollten. Sie konnten ihren Zorn nicht verhehlen, als sie erfuhren, dass Telemachos sie überlistet hatte und ihnen entkommen war. Jetzt hiess es einen neuen Plan auszuhecken, um den Sohn umzubringen, denn sonst würde Penelope sich nie für einen von ihnen entscheiden.

Penelope erfuhr von den finsteren Machenschaften der Freier und empört ging sie, was sie selten tat, hinunter in den Saal und stellte Antinoos zur Rede.

„Du treuloser und gewissenloser Geselle! Hast du vergessen, wie Odysseus deinem Vater in der Not geholfen hat. Und nun willst du seinen Sohn umbringen und seine Frau heiraten. Du solltest dich vor der Rache der Götter, denen nichts verborgen bleibt, fürchten."

Sie dreht sich auf dem Absatz um und rauschte aus dem

Raum. Athene beruhigte sie etwas und liess sie einschlafen.

Draussen in der Hütte warten Odysseus, den Athene inzwischen wieder in den alten Bettler zurückverwandelt hatte, und Telemachos auf Eumaios, der wohl Neues vom Palast bringen dürfte. Er berichtet über das Vorgefallene. Und da sie alle Hunger haben, schlachtet er schnell noch ein Ferkel. Zwischendurch, wenn Eumaios gerade nicht hinschaut, zwinkert Telemachos seinem Vater zu. Nachdem sie Speise und Trank genossen hatten, legten sich alle drei zur Nachtruhe.

Odysseus' Rückkehr in den Palast

Als die dämmernde Frühe mit Rosenfingern erwachte, nimmt sich Telemachos seine Lanze und macht sich auf in die Stadt, um die Mutter zu beruhigen. Zuvor jedoch wendet er sich an Eumaios und trägt ihm auf, dem Fremdling den Weg in die Stadt zu zeigen, damit er dort bettele.

Was anderes könne er ihm leider nicht anbieten.

Odysseus zeigt sich pro forma einverstanden, denn wie er sagt, in der Stadt ist es für einen Bettler leichter zu leben als hier draussen auf dem Land.

Im Palast begegnet Telemachos als erstes der alten Amme Eurykleia, die alles stehen und liegen lässt und ihn wie einen Sohn herzend willkommen heisst. Auch die Mägde schliessen sich an und zu guter Letzt kam Penelope aus ihrer Kammer, „Artemis gleich an Gestalt und der goldenen Aphrodite", so Homer. Mit Tränen in den Augen schlang sie ihre Arme um ihren geliebten Sohn.

Die Freier ergötzten sich derweil draussen auf dem Hof beim Diskus und Speerwerfen, bis sie von einem Herold zum Essen gerufen wurden.

„Denn es ist nicht übel, zur rechten Stunde zu essen!" so der Diener. Auf Stil schienen sie trotz allem noch zu achten!

Wieder landeten Unmengen an Fleisch, Brot und Wein auf den Tischen der Freier.

Zur gleichen Zeit gerät der „Bettler" Odysseus in seine erste Prüfung auf der Heimatinsel. Er nähert sich zusammen mit Eumaios einem in einem Pappelhain gelegenen Brunnen, als der Ziegenhirte Melanthios sie erspäht. Dieser pflegte immer sein Fähnlein nach dem Wind zu richten und hatte sich auf die Seite der Freier geschlagen, die er mit den trefflichsten Ziegen versorgte. Aus dieser Position der Stärke heraus glaubte er, die beiden schmähen und verspotten zu können. „Ein Taugenichts führt den anderen", so schreit er sie an, „ich sag es immer, gleich und gleich gesellt sich gern!" Odysseus schwillt ein wenig der Kamm, aber er beherrscht sich. An Eumaios gewandt fährt Melanthios fort: „Wage ja nicht diesen Schmutzfinken in den Palast zu bringen, das würde ihm nur Prügel eintragen!"

Und um seine Meinung kräftig zu untermauern, versetzt er Odysseus noch einen heftigen Tritt. Das ist natürlich für einen Mann wie Odysseus eine unerhörte Herausforderung und am liebsten hätte er den Kerl umgebracht.

Das aber würde ihren feingeschmiedeten Plan etwas durcheinanderbringen und mühsam reisst sich der Held zusammen. Wie wir wissen ist er nicht gerade zurückhaltend in seinen Reaktionen – man erinnere sich nur an die Provokation des Polyphem, nachdem sie auf ihrem Schiffen angekommen waren. In diesem Fall kommt die Sühne für den Tritt auf jeden Fall später.

174

Eumaios ist ebenso betroffen und er wünscht sich laut nichts sehnlicher als eine Rückkehr seines Herrn, um diese Frechheiten in Zukunft gebührend zu bestrafen. Doch Melanthios fühlt sich als der Stärkere und droht dem Sauhirten sogar, ihn auf das nächstbeste Schiff als Sklaven zu verkaufen.

Mit diesen Worten entfernt sich der überhebliche Hirte und steuert den Palast an, Odysseus und Eumaios folgen langsam. Schon von weitem hört man den Lärm, der von den Freiern aus dem Festsaal dringt: Harfenklang, Gesang, Geschrei und Gelächter. Der Duft des gebratenen Fleisches steigt auch Odysseus in die Nase und sie überlegen, wie sie es am besten handhaben, in den Saal zu gehen.

Sie einigen sich darauf, dass Eumaios den Anfang macht und dann, je nach Stimmung und Aufgeheiztheit der Freier, Odysseus nachkommen lässt.

Bevor sie jedoch in den Saal gehen, erleben wir noch eine äusserst rührende Szene.

Draussen auf einem Misthaufen liegt ein alter Hund. Odysseus erkennt ihn sofort, es ist sein treuer Hund Argos, den er vor seiner Abreise nach Troja selber grosszog. Aber die Frauen hatten sich in der Zwischenzeit wenig um ihn gekümmert und so lag er hier, von Ungeziefer bedeckt, auf schmutzigem Stroh. Als dieser seinen Herrn sah und erkannte, erhob er den Kopf, wedelte mit dem Schwanz und versuchte, aufzustehen. Er war jedoch zu schwach, sank in sich zusammen und starb. Odysseus wischte sich heimlich, so dass Eumaios es nicht sah, eine Träne aus dem Gesicht, so sehr hatte ihn der Anblick des alten treuen Hundes gerührt, der ihm früher bei der Jagd ein wertvoller Helfer war.

Eumaios kann sich einen Satz nicht verkneifen:

175

*„Das ist die Art der Diener: Sobald sie ihr Herr nicht
mehr antreibt,
Werden sie träge und faul und gehen nicht gern an die Arbeit!"*
Odyssee, 17. Gesang, Vers 320 – 321

Nun traten sie nacheinander ein, zuerst Eumaios, der sich auf
einem freien Platz niederliess, dann Odysseus, der am Eingang
stehen blieb und einen Blick in die Runde warf. Telemachos
erspähte ihn sofort und rief Eumaios zu: „Bringe ihm einen
Batzen Fleisch und etwas Brot. Dann möge er bei der Freiern
herumgehen und jeden um eine kleine Gabe bitten."

Nun muss man sich vorstellen, wie die Freier reagierten.
Odysseus trat zerlumpt und zerrissen, krumm gehend und auf
alt getrimmt umher und, sagen wir es ruhig, gerochen wird er
auch nicht gerade nach Rosen. Aber Athene ist wieder bei ihm
und raunt ihm ins Ohr: „Gehe herum, schau dir diese Kerle an
und prüfe, wer anständig ist und wer nicht!" Aber, so greift
Homer schon ein wenig voraus, nicht einer sollte vor Odysseus' Rache Gnade finden.

So folgt denn der Held dem Rate Athenes und geht bettelnd
von Mann zu Mann als wäre er schon immer als Bettler unterwegs gewesen.

Melanthios, der unverschämte Ziegenhirt von vorhin, erkennt
ihn sogleich wieder und wiegelt die Freier auf.

Da erhebt sich Antinoos, wohl einer der Wortführer der Schar
und beschimpft Eumaios: „Was schleppst du uns einen solchen
stinkenden Bettler hier an! Haben wir denn nicht genug Land-
streicher auf der Insel, die unser Brot verschlingen wollen!"

Eumaios jedoch – und hier merkt man seine adlige Herkunft
– antwortet für einen einfachen Schweinehirten sehr diploma-

tisch: „Edler Antinoos, die Menschen sind sehr opportunistisch und laden gern Gäste ein, von denen sie sich einen Vorteil versprechen, so Ärzte, Zimmerleute und Sänger. Aber einen Bettler bittet niemand herein. Ich weiss, dass du mich nicht magst, aber solange Penelope und Telemachos in diesem Haus herrschen, lasse ich mir den Mund nicht verbieten!"

Damit die Auseinandersetzung nicht eskaliert, greift nunmehr Telemachos beschwichtigend in den Disput ein. „Lass ihn, Eumaios, er hat schon immer bösartige Reden geschwungen. Jeden Tag verprassen sie unser Hab und Gut und wenn jetzt ein Bettler von ihm eine milde Gabe erwartet, dann zeigt er sich geizig!"

Antinoos ist darüber in Zorn geraten und hebt drohend den Schemel hoch, auf dem seine Füsse beim Essen lagen.

Odysseus, der seine Runde durch die gefrässigen Freier macht, kommt auch zu ihm. Listenreich, wie er nun einmal ist, versucht er ihn zu testen.

„Edler Antinoos, du scheinst edler Abstammung zu sein. Deswegen musst du mir auch mehr geben als die anderen." Und er erzählt ihm wieder eine kurze Geschichte seines angeblichen Leidensweges. Das aber macht auf Antinoos überhaupt keinen Eindruck. Im Gegenteil. Er beklagt sich darüber laut, dass dieser Bettler ihnen das ganze Festmahl mit seiner Anwesenheit verdorben hat und fährt ihn an, so schnell wie möglich zu verschwinden. Odysseus weicht etwas zurück und erwidert ihm provokativ

Götter, wie wenig gleichen dein Herz und deine Gestalt sich!
Von dem Deinigen schenkst du dem Darbenden schwerlich
ein Salzkorn,

177

Da du an fremdem Tische dich nicht erbarmest, ein wenig
Mir von der Speise zu geben, womit du so reichlich versorgt
bist.
Odyssee, 17. Gesang, Vers 454 – 457

Da platzt dem Heisssporn Antinoos der Kragen. Blitzschnell wirft er den Schemel auf Odysseus zu, so dass er ihn zwischen Hals und rechter Schulter trifft.

Dies dürfte die zweite Prüfung des Helden, nunmehr in seinem eigenen Haus, sein. Odysseus jedoch wankt nicht und steht wie eine Eiche. Aber in seinem Inneren, da kocht es und er sinnt auf Verderben. Verbal kann er jedoch so schnell nicht klein beigeben und er setzt noch eins drauf.

„Ihr Freier der weitgepriesenen Fürstin, hört mich an. Es ist ohne weiteres hinzunehmen, wenn jemand, der für sein Hab und Gut streitet, einmal einen Schlag abbekommt. Aber Antinoos strafte mich wegen einer allzumenschlichen Notlage, nämlich des Hungers, der mich plagte. So mögen denn die Götter, die über alles wachen, mich rächen. Möge denn Antinoos ein frühes Grab beschieden sein, noch bevor er in den Stand der Ehe treten kann.“

Das unverschämte Verhalten des Antinoos im Festsaal ist inzwischen durch die Mägde auch Penelope zu Ohren gekommen und sie lässt Eumaios zu sich kommen.

„Antinoos war schon immer der schlimmste von allen. Wer aber ist dieser Fremde?“

„Wahrlich, o Königin“, so der treue Hirte „er könnte dein Herz durch seine Erzählungen erfreuen. Er hat deinen Gemahl gesehen und meint, er würde demnächst mit vielen Geschenken wieder bei dir sein.“

„Lasse ihn zu mir kommen, dass ich ihn einmal selbst in Augenschein nehme", antwortete ihm darauf Penelope.

Doch Odysseus lehnt vorerst ab, da ihm die Lage im Saal etwas zu brenzlig erscheint.

Penelope ist nun keineswegs gekränkt, dass man ihr nicht Folge leistet.

Wer der Fremdling auch sei, so denkt er nicht unvernünftig;
Denn an keinem Ort, den sterbliche Menschen bewohnen,
Verüben trotzige Männer so ausgelassene Greuel!
Odyssee, 17. Gesang, Vers 586 – 588

Neue Herausforderungen
Die erste Begegnung mit Penelope

Nachdem Eumaios den Saal verlassen hatte, denn er musste stets sehr früh aufstehen, um den lästigen Freiern ihren Fleischtribut zukommen zu lassen, brach neues Unheil über Odysseus herein.

Die Bettler von Ithaka hatten ihre Reviere abgesteckt und wachten eifersüchtig darauf, dass niemand in ihren Bereich einbrach. Jetzt näherte sich Iros, der diesen Bezirk als sein Stammgebiet betrachtete. Kaum hatte er Odysseus gesehen – an seiner Kleidung war unschwer abzusehen, dass er einen „Kollegen" vor sich hatte – so beschimpfte er ihn grob und droht ihm mit einem Faustkampf, wenn er nicht schleunigst seine Stätte verlasse.

„Was habe ich dir getan", antwortete ihm Odysseus, „ich habe dich weder beleidigt, noch habe ich dir etwas weggegessen. Denn siehe, hier ist Nahrung für uns beide genug. Ich rate dir dringend, mich nicht weiter zu reizen. Denn einmal in Zorn geraten könnte ich dich trotz meines Alters so verprügeln, dass du dich morgen hier nicht mehr sehen lassen kannst und ich diesen Platz für mich allein habe".

Iros schwillt die Zornesader auf der Stirn: „Bei allen Göttern, man höre sich das Geschwätz dieses Hungerleiders an .Am liebsten würde ich dich nach Strich und Faden verprügeln und dir alle Zähne aus dem Maul schlagen, wie einer Sau, die fremde Felder verwüstet! So, jetzt ist's genug, stell dich zum Schlagabtausch!"

Die Freier sind begeistert. Jetzt haben sie endlich einmal richtige Abwechslung. „Panem et circenses" wie später die Römer in ihren Arenen riefen. Antinoos kann sich vor Lachen kaum beherrschen. Er will noch etwas Öl ins Feuer giessen und fordert die Freier auf, die beiden Kämpfer kräftig anzutreiben. Dem Sieger verspricht er einen gefüllten, gegrillten Ziegenmagen.

Waren alle Freier der Meinung, dass jetzt Odysseus eine kräftige Abreibung einkassieren würde, änderte sich ihre Meinung sprunghaft, als sich unser Held das Obergewand auszog. Er zeigte kräftige Arme, eine muskulöse Brust und breite Schultern, denn Athene hatte wieder ihr olympisches Sende-Empfangs-Gerät auf Ithaka justiert und Odysseus mal wieder – zum wievielten Mal eigentlich – die Statur verändert. Die Freier konnten sich einige Ahs und Ohs nicht verkneifen. Auch der grossspurige Iros kriegt langsam Bedenken, er zittert am ganzen Körper.

Aber die Diener sind gnadenlos und gürten ihn für diesen Boxkampf.

Beide hoben die Fäuste. Iros beginnt den Kampf mit einem

Hieb an Odysseus' rechte Schulter. Im Kopf von Odysseus kreisen blitzschnell die Gedanken. Soll er ihn gleich für immer in den Hades befördern oder ihm erst einmal nur einen gehörigen Denkzettel verpassen. Dem Ziel zuliebe entscheidet er sich für letzteres. Mit einem gewaltigen Schlag an Hals und Unterkiefer, dass der Kiefer zerbrach und wahrscheinlich einige Zähne, sofern er noch welche hatte, im Sand landeten. Schreiend fiel Iros zu Boden und Odysseus schleifte ihn an den Füssen, immer eine Schande für einen Griechen, aus dem Saal nach draussen.

„Unterstehe dich, hier noch einmal anderen Leuten Befehle zu erteilen. Das soll dir eine Lehre sein. Lasse dich hier nie wieder blicken!" sagte er und drückte ihm seinen Bettelstab in die Rechte.

Die Freier schlugen sich vor Lachen auf die Schenkel. „Möge dir Zeus und die anderen unsterblichen Götter all das geben, was dein Herz begehrt, denn du hast unsere Stadt von diesem unerträglichen Kerl befreit".

Und sie stiessen auf seinWohl an und Amphinomos reichte ihm einen Becher mit Wein.

Homer legt nunmehr seinem Helden eine Reihe von nachdenklichen und gezielten Sätzen in den Mund, erfindungsreich, wie er es nennt.

„Du, Amphinomos, scheinst ein verständiger Jüngling zu sein. Bedenke jedoch folgendes: Kein Wesen auf dieserWelt ist so unbeständig wie der Mensch. Solange die Götter ihm Gesundheit und Jugend schenken, glauben sie, dass sie nie ein Unglück treffen kann. Aber wie schnell kann sich alles ändern und dann reagieren die Menschen mit Trauer, Ungeduld und Verzweiflung. Wenn ich mich hier so umschaue, dann muss ich sagen: Ihr benehmt euch schändlich. Ihr verprasst die Güter des abwesenden Hausherrn und belästigt seine Gattin. Ich prophezeie euch eines: Wenn Odysseus zurückkehrt, und er wird es, dann geht es nicht ohne Blutvergiessen ab. Es wäre daher besser, wenn ihr euch entferntet."

Doch es stand schon fest, dass Amphinomos seinem Schicksal nicht entfliehen konnte.

Wir verlassen nun den Festsaal, denn Athene greift wieder einmal in das Geschehen ein, diesmal auf der Seite von Penelope. Denn, so meint sie, es sei nun an der Zeit sich wieder mal den Freiern zu zeigen, doch ihre Dienerin Eurynome hält sie zurück: „Herrin, mit so verweinten Augen und gramdurchfurchtem Gesicht machst du dort unten nicht den besten Eindruck!" „Eigentlich ist mir das völlig egal", antwortet Penelope, „denn seit Odysseus nicht mehr zurückkehrt, habe ich die Lust verloren, mich zu schminken und zu schmücken."

Athene hat jedoch anderes vor und dazu lässt sie Penelope ermüden und erst einmal in einen erquickenden Schlaf fallen. Danach gibt sie ihr „unsterbliche Gaben, damit sie die Freier entzücke". Sie salbte ihr Gesicht mit ambrosischen Öl, mit dem sich auch Aphrodite verschönte, machte sie noch ein wenig stattlicher und gab ihr eine schimmernde Haut wie Elfenbein. Nach getaner Pflege entschwebte sie, denn in Hellas harrten ihrer noch einige andere Aufgaben.

Nun sind wir gespannt auf ihren Auftritt im Saal der Freier. Mit zwei hübschen Jungfrauen betrat sie den Raum. Lassen wir Homer selbst ihr Erscheinen beschreiben

Allen erbebten die Knie, es erglühten die Herzen vor Inbrunst
Und vor banger Begierde, mit ihr das Lager zu teilen.

Odyssee, 18. Gesang, Vers 212 – 213

Wie vornehm Homer es doch formuliert. In unserer Zeit wären die Worte wohl etwas weniger subtil ausgefallen.

Als Leser hätten wir allerdings erwartet, dass Homer irgendeine Reaktion von Odysseus beschreibt, denn die Mühe von Athene ist unübersehbar. Ist er erstaunt, ist er hingerissen, ist er wieder verliebt?

Kein Wort! Es heisst demzufolge, noch etwas warten. Homer ist ein geschickter Regisseur – er macht es wirklich spannend.

Penelope zeigt sich resoluter, als man es erwartet hätte. Als erstes handelt sich Telemachos eine Rüge seiner Mutter ein, da er als immerhin erwachsener Sohn es zuliess, dass Antinoos in seiner Gegenwart den armen alten Bettler so schäbig behandelte.

In Gegenwart seines Vaters zeigt sich jetzt Telemachos etwas mutiger.

„Liebe Mutter", so hebt er an, „du hast ja recht, aber die vielen übel gesinnten Freier haben mir Furcht eingeflösst. Doch so ganz nach ihrem Wunsch ist es nicht verlaufen. Der alte Bettler hier hat ihrem Favoriten Iros ganz schön eingeheizt." Und dann redet er sich in Rage: „Gäben doch die Götter Zeus, Athene und Apollon, dass es den Freiern in diesem Saale ähnlich ergehen möge und sie verprügelt und voller Schmerzen draussen vor der Halle sässen!"

Eurymachos, also derjenige mit den grössten Geschenken, geht gar nicht auf die provozierenden Worte des Sohnes ein, sondern versucht mit einschmeichelnden Worten das Herz Penelopes zu gewinnen.

„Edle Penelope, kaum eine Griechin ist so schön wie du. Und

wäre dies auch im restlichen Hellas bekannt, so wäre wohl morgen die Schar der Freier noch grösser!"

Odysseus schaut regungslos zu und hört sich die Reden genau an. Penelope antwortet ihm darauf:

„Du bist ein grosser Schmeichler, Eurymachos. So ganz kann ich dir nicht beipflichten. Denn die Götter raubten mir Schönheit und Tugend an dem Tag als mein Gatte Odysseus nach Troja aufbrach. Käme er zurück, so würde sich alles wieder zum Positiven ändern. Nun wartet eine freudlose Ehe auf mich. Aber den Freiern hier muss ich ins Stammbuch schreiben: Normalerweise bringen Brautwerber Geschenke und köstliche Gaben mit. Hier aber passiert genau das Gegenteil: Sie verprassen fremdes, nämlich mein Vermögen!"

Odysseus konnte sich ein bewunderndes Schmunzeln nicht verkneifen, wie Penelope so an die mangelnde Gebefreudigkeit der Freier appellierte und sie damit zugleich ein wenig hinhielt. Kaum ausgesprochen, beeilten sich die unerwünschten Gäste, die Herrin des Hauses mit Geschenken zu überhäufen. Homer zählt eine Reihe auf, aber das ist von geringerem Interesse für uns. Denn die nächste Prüfung für den verkleideten Hausherrn folgt auf dem Fusse. Die Flammen im Saal drohen zu erlöschen, aber die Freier wollen weiter feiern und so legen die Mägde Holz nach.

„Ihr Mägde", so spricht er sie an, „kümmert euch lieber um eure Herrin, diese Aufgabe kann ich euch abnehmen".

Den Mägden schien aber dieses Angebot überhaupt nicht recht zu sein, denn sie mochten die fröhliche Runde der Gäste nicht so schnell verlassen. Zudem sagte man ihnen nach, dass sie sich auch sonst den Freiern gegenüber nicht gerade verschlossen zeigten. Sie lachten Odysseus aus und Melantho, einer der hübschesten und von Penelope wie ihr eigenes Kind aufgezogen, machte sich zu ihrer Wortführerin: „Was fällt dir ein, du elender Bettler, uns hier Befehle zu erteilen! Entweder ist dir dein Sieg über Iros zu Kopf gestiegen oder der Wein hat dein Hirn benebelt. Scher dich fort zu deinesgleichen!"

Wieder muss Odysseus seinen Zorn bezähmen. Doch droht er ihr: „Du solltest deine freche Zunge im Zaum halten. Das werde ich deinem Herrn Telemachos erzählen. Und der wird dir deine ungezügelten Worte schon heimzahlen!"

Das wirkte und die Mädchen stieben davon.

In der Zwischenzeit ist Athene wieder da, woher sie immer so schnell herbei eilt, bleibt uns aber verborgen, wenn es vom Olymp her ist, dann scheint der nicht weit entfernt zu sein. Auf jeden Fall hat sie vor, die Stimmung weiter anzuheizen. Und Eurymachos wird ihr Werkzeug des Spottes. Lassen wir dazu wieder Homer zu Wort kommen:

Hört mich an, ihr Freier der weitgepriesenen Fürstin!
Dass ich rede, wie mir das Herz im Busen gebietet.
Wahrlich ein Himmlischer führte den Mann in die
  Wohnung Odysseus'.
Denn mich dünkt, kommt der Glanz nicht bloss von dem Feuer,
Sondern von seiner Glatze, worauf kein Härchen zu sehn ist!
Odyssee, 18. Gesang, Vers 351 – 355

Wieder muss Odysseus kräftig einstecken, denn dieser Spott ist schon sehr verletzend. So droht er dem Spötter nur: „Warte nur ab, sollte Odysseus zurückkehren, dann wären selbst diese Türen, obwohl sie so breit sind, für dich zu eng für die Flucht!"

Die Schemel scheinen ein beliebtes Wurfobjekt zu sein. Denn

jetzt wirft Eurymachos zornig einen dieser Sitzgelegenheiten auf unseren Helden, der sich jedoch blitzschnell duckt, so dass das Geschoss den armen Mundschenk mit seiner Karaffe Wein trifft.

Vom Rausch beseelt lärmen die Freier weiter, lassen aber ihren Unmut darüber aus, dass dieser Bettler ihnen eigentlich den schönen Abend verdorben hat.

Telemachos drängt die Freier zur Nachtruhe.

Damit endet der achtzehnte Gesang.

Rache-Vvorbereitungen. Erkennung durch Eurykleia

Die Freier sind gegangen und Odysseus bleibt allein mit Telemachos im Saal zurück. Er überlegt – mit Athene als geistiger Helferin – wie man den Schmarotzern den Garaus machen kann. Aber die Rache soll gründlich und vernichtend sein, also nicht nur eine Vertreibung aus dem Haus, damit will man sich gar nicht erst aufhalten. Nein, den Tod hat Odysseus ihnen geschworen. Und Athene macht dabei augenscheinlich fleissig mit. Olympische Edelmut und Erbarmen hatten noch keinen Platz in damaliger Zeit.

Jetzt gilt es erst einmal die Waffen aus dem Raum zu schaffen.

Telemachos ruft Eurykleia, die treue Magd herbei, auf dass sie die Mägde aus dem Saal schicke. „Aber wer soll dir denn mit der Fackel leuchten, wenn du die dunklen Gänge hochgehst", so die Amme. „Mach dir keine Sorgen, der alte Bettler hat jetzt gut gegessen, jetzt kann er auch mal etwas tun!"

Jetzt folgt wieder einer der schönen Dialoge der Odyssee.

Athene geht ihnen voran und leuchtet ihnen die Treppen, Flure und Räume aus.

Ganz verwundert stammelt Telemachos: „Vater, ein grosses Wunder erblick ich hier mit den Augen! Alles glänzt so hell wie ein brennendes Feuer. Wahrlich, ein Gott ist hier, des weiten Himmels Bewohner!"

Odysseus antwortet nur knapp: „Schweig, und forsche nicht nach, und bewahre deine Gedanken. Das ist die Weise der himmelbewohnenden Götter!"

Kaum ist alles weggeschafft, kommt Penelope in den Saal und heisst die Mädchen, die Gläser, Teller und Essensreste der übermütigen Freier abzuräumen. Melantho, die freche Magd, sieht den Bettler und kann es nicht lassen, ihn erneut zu beschimpfen: „Willst du auch noch die Nacht hier verbringen und uns Frauen belästigen! Wenn du nicht bald verschwindest, werfe ich diesen glühenden Holzscheit nach dir!"

Penelope hört es und schilt das aufsässige Mädchen, die sich besonders ausgiebig mit den Freiern eingelassen hat.

„Und nun, Eurykleia, bringe mir einen Stuhl und ein Schafsfell für den Fremden. Jetzt will ich ihn einmal selbst ausfragen!"

Nun folgt ein Zwiegespräch der beiden und Odysseus stellt wieder einmal mehr seine Meisterschaft in Erfindungsreichtum und Phantasie unter Beweis, denn noch kann er sich nicht zu erkennen geben.

Die Fürstin möchte natürlich wissen, woher er stammt. Jedoch Odysseus redet ein wenig um den heissen Brei herum, er möchte seine Qualen nicht noch einmal schildern und schon gar nicht in einem ihm angeblich fremden Haus jammern. Aber nunmehr hat Penelope das Bedürfnis, ihr Herz dem Fremden etwas auszuschütten.

„Fremder, du machst mir Komplimente, aber ich bin ihrer nicht würdig. Denn all mein Wohlbefinden und mein Liebreiz, sie schwanden mir, als mein Gemahl sich nach Troja einschiffte. Jetzt aber leide ich unter der Vielzahl der Freier, die sich von unserer Insel und den Nachbarinseln hier einfanden und um mich werben. Ich versuche, so gut es geht, eine Entscheidung hinauszuzögern, indem ich vorgebe, das Leichentuch für meinen Schwiegervater Laërtes zu weben. Und damit ich nicht so schnell fertig werde und die Freier hinhalten kann, trenne ich es des Nachts wieder auf. Aber die falschen Mägde haben mein Täuschungsmanöver verraten und jetzt kann ich eine Entscheidung zu meinem Leidwesen nicht länger hinauszögern. Nun jedoch möchte ich dich in aller Ernsthaftigkeit bitten, mir endlich zu sagen, woher du stammst!"

Wie man sieht, Penelope insistiert, denn ihr Gefühl sagt ihr: Dieser Fremde, so ganz kann man ihm nicht trauen. Er hat wohl eine blühende Phantasie.

Also ist Odysseus wieder gefordert, auf ihr Drängen einzugehen. Im Klartext bedeutet es: Er muss sich wieder eine Geschichte ausdenken, eine seiner leichtesten Übungen, würde man heute sagen. Und er tischte ihr eine lange, rührselige Geschichte auf, in dem auch eine Begegnung mit Odysseus vorkam, dass Penelope sich der Tränen nicht erwehren konnte, denn sie musste dabei immer an ihren geliebten Odysseus denken, nicht ahnend, dass er vor ihr sass. Homer schreibt: Also flossen ihr die Tränen die schönen Wangen herunter. Auch Odysseus bleibt von den Gefühlsregungen seiner lieben Frau nicht unberührt, zwingt sich aber, kein Mitgefühl nach aussen zu zeigen. Homer beschreibt es für unser Verständnis etwas hart: Seine Augen standen wie Horn ihm, oder wie Eisen.

Einmal angestossen, lässt Penelope nicht locker, sie will alles ganz genau wissen und ihn zugleich prüfen, ob er nicht auch einer der Flunkerer ist, von denen sie schon so einige bewirtet hat.

„Sag mir, o Fremder, was trug Odysseus damals und wer begleitete ihn?"

Dieses Zwiegespräch zwischen Penelope und Odysseus gehört zu den schönsten und phantasiereichsten Passagen der Odyssee, daher wollen wir ein wenig länger dabei ausharren, denn es gehört zur inneren Heimkehr des Helden.

Odysseus verstellt sich, als ob er lange nachdenken muss, was er selbst damals getragen hatte. Schliesslich beantwortet er ihre Frage wahrheitsgemäss:

„Es ist fast zwanzig Jahre her, aber wenn ich mich recht erinnere: Einen schönen gefütterten purpurgefärbten Mantel trug er, mit einer zweifach geschlossenen goldenen Spange. Vorn sah man Stickereien, die einen Hund zeigten, der ein Reh gepackt hatte. Als er nach Troja aufbrach, schenkte ich ihm noch ein bronzenes Schwert. Bei ihm war noch ein wenig älterer Herold, Eurybates genannt. Odysseus schätzte ihn sehr wegen seiner Klugheit."

Noch einmal konnte Penelope die Tränen nicht halten, denn in der Beschreibung des Fremden kannte sie ihren Mann wieder. „Sei fortan Gast in meinem Hause. Aber wer weiss, ob Odysseus jemals wieder dieses Haus betreten wird?"

Nun muss Odysseus ja etwas erfinden, um ihr etwas Trost zu spenden, denn sein Herz ist nicht ganz aus Stein. Und so holt er wieder phantasievoll aus:

„Teure Fürstin, lass deine traurigen Gedanken und trockne deine Tränen. Zwar wird jede junge Frau weinen, wenn sie ihren Mann und Vater ihrer Kinder verliert. Und bei dir ist es besonders schmerzlich, denn nicht umsonst sagt man, Odysseus sei den Unsterblichen ähnlich. Lass dir sagen: Odysseus lebt und er ist gar nicht so weit entfernt. Allerdings sind seine ganzen Gefährten nicht mehr am Leben, sie sind ertrunken, als sein Schiff im Sturm unterging. Er will jedoch, wie ich erfahren habe, noch einige Geschenke sammeln, denn so der ,Bettler':

So wie immer Odysseus vor allen Menschen auf Erden
Wusste, was Vorteil schafft; kein Sterblicher gleicht ihm
  an Weisheit
Odyssee, 19. Gesang, Vers 285 – 286

„Beim Zeus, es wird alles geschehen, so wie ich dir sage. Ehe sich der Mond wieder füllt, wird er hier wieder am heimatlichen Herd sein."

„Ich wünsche mir nichts sehnlicher, als dass du recht behalten mögest", antwortete ihm darauf die Fürstin, und an die Mädchen gewandt, „bereitet dem Fremden ein Bad und wascht ihm die Füsse und für die Nacht bereitet ihm ein ordentliches Lager, denn ab morgen soll er mit an der Tafel sitzen. Denn wie würden sonst die anderen Frauen über mich denken, liesse ich dich ungewaschen und in diesem Aufzug mit uns speisen."

Wer nun grausam denkt und grausame Handlungen ausübt,
Diesem wünschen alle, solang er lebt, nur Unglück,
Und noch selbst im Tode wird sein Gedächtnis verabscheut.
Aber wer edel denkt und edle Handlungen ausübt,
Dessen würdigen Ruhm verbreiten die fremden Gäste weithin
Unter den Menschen auf Erden, und jeder segnet den Guten.

Odyssee, 19. Gesang, Vers 329 – 334

Erstaunlich hehre Worte für ein so frühes Dichtwerk. Wären da nicht diese unfrommen Wünsche, so könnte man sich ohne weiteres ins Neue Testament versetzt fühlen.

Odysseus hat jedoch ein paar Einwände. „Ich habe jetzt so viel gelitten und ich glaube kaum, dass eine deiner unreifen Mägde mir behutsam und sorgfältig die Füsse waschen kann. Gibt es jedoch in diesem Palast eine ältere, verständnisvolle Magd, die selbst Leid erfahren hat, so würde ich deinem Vorschlag gern zustimmen."

„Lieber Gast", antwortete ihm darauf Penelope, „noch nie weilte in unserem Haus ein so verständnisvoller und gescheiter Gast. Deinen Wunsch will ich gern erfüllen, denn wir haben hier eine ältere Frau, die meinen Mann als Kind schon gepflegt hat. Auf, Eurykleia, auch wenn es dir vom Alter her schwer fällt, tu diesem Fremden den Gefallen."

Während Eurykleia kaltes und kochendes Wasser in einer kleinen Wanne mischt, sagte sie ihm: „Gern wasch ich dir die Füsse, nicht weil Penelope es mir befahl, nein, ich habe Mitleid mit dir. So mancher Jüngling besuchte schon unser Haus, aber es gab noch niemanden, der von Stimme, der Gestalt und den Füssen Odysseus glich."

„Du hast recht, Mütterchen", sprach der Held, „ schon viele haben das gesagt, was du soeben mit Scharfsinn gespürt hast."

Plötzlich fiel Odysseus die tiefe Narbe ein, die er am Oberschenkel hatte, die ihm auf der Jagd ein grosser Keiler gerissen hatte, als er zu Besuch bei seinem Grossvater Autolykos am Parnass war, und er wandte sich etwas ins Dunkel, damit Eurykleia sie nicht sah und ihn verriet.

Doch umsonst, Eurykleia erkannte die Narbe. Völlig erschrocken liess sie sein Bein in die metallische Wanne zurückfallen, dass es dröhnte und die Wanne umfiel. Ihre Augen füllten sich mit Tränen, ihr Herz klopfte.

Sie fasste Odysseus ans Kinn und sagte: „Wahrlich, du bist Odysseus, mein Kind, und ich habe dich erst erkannt, als ich deine Narbe spürte."

Eine rührende Szene, die im Altertum und später oft ein Motiv für Künstler war.

Schon wollte sie sich umdrehen und Penelope über die Rückkehr berichten, doch Athene – wieder einmal – hatte die Herrin abgelenkt, so dass sie nichts bemerkte. Blitzschnell legte ihr Odysseus die Hand auf den Mund.

„Mütterchen, willst du wohl schweigen. Du hast mich an deiner Brust gesäugt und jetzt bin ich endlich nach zwanzig qualvollen Jahren heimgekehrt.

Willst du mich jetzt gefährden, indem du es verrätst. Niemand im Haus, auch die kluge Penelope darf davon erfahren. Denn ich habe mit den Freiern noch eine Rechnung offen!"

Eurykleia hatte sich inzwischen wieder gefasst und gelobte zu schweigen. Nachdem sie neues Wasser geholt und die Füsse gesalbt hatte, wandte sich Penelope erneut an ihn.

„Wisse, Fremder, mein Herz ist zerrissen. Am Tag kann ich mich darüber hinwegsetzen, weil ich hier im Haus viel zu tun habe. Aber in der Nacht wälze ich mich ruhelos hin und her, weil die Sorgen mein Innerstes bedrücken. Ich bin so im Zweifel, soll ich hier weiter mit meinem Sohn und den Mägden ausharren, aus Achtung vor meinem Gemahl und vor der Meinung des Volkes oder soll ich einen der Freier, der mir am meisten schenkte, zum neuen Bräutigam wählen. In der letzten Nacht hatte ich einen aufregenden Traum, den möchte ich dir erzählen. Vielleicht vermagst du ihn zu deuten. Zwanzig Gänse habe ich hier im Haus, an denen ich mich immer erfreue. Plötzlich stiess von den Bergen ein riesiger Adler herab und tötete sämtliche Gänse. Tot lagen die Gänse am Boden, der Adler stieg wieder hoch in die Lüfte. Laut jammerte ich über den Verlust meiner Gänse, da kam der Adler zurück, setzte sich auf den Rauchfang und sprach zu mir mit menschlicher Stimme: Fürstin, dies ist kein Traum, sondern eine Heilsbotschaft der Götter. Die Gänse sind die Freier und der Adler ist dein Gatte. Er wird den Freiern ein schreckliches Ende bereiten. Voller Schrecken bin ich erwacht, schaute schnell nach meinen Gänsen, aber sie frassen seelenruhig ihre Körner."

Odysseus konnte nur den Inhalt des Traumes bestätigen.

Penelope traut der Deutung nicht so recht, denn, wie sie meint, sind die Botschaften der Götter oft zweideutig und wir Menschen sollten nicht so kühn sein, immer nur die für uns angenehmste Interpretation zu wählen.

Aber sie will und muss eine Entscheidung treffen:

„Morgen droht mir der Tag, der mein weiteres Leben bestimmen wird. Aber so einfach will ich es den Freiern nicht machen. Ich will einen Wettkampf organisieren und daran will ich sehen, ob wenigstens einer der Männer es mit meinem Odysseus aufnehmen kann. Er hatte nämlich die Angewohnheit, seine Zielgenauigkeit mit Pfeil und Bogen zu prüfen, indem er den Pfeil durch zwölf Axtlöcher hindurch zielte. Demjenigen, der dies schafft, will oder muss ich wohl aus meinem Haus in seinen Palast folgen, auch wenn mein Herz oft Tränen vergiessen wird über meinen geliebten Mann."

Mit leicht prophetischen Unterton antwortet Odysseus: „Tue,

wie du es wünscht. Aber ich glaube, dass Odysseus eher zurückkehrt, bevor der erste Freier versucht, den Bogen zu spannen."

Der Tag war lang, beide gehen nun zur Ruhe. Penelope vertraut ein wenig auf die Hilfe der Götter mit folgendem Satz .

.

.................*die Götter bestimmen jeglichen Dinges*
Mass und Ziel den Menschen auf lebenschenkender Erde.
Odyssee, 19. Gesang, Vers 592 – 593

Athene, die Göttin mit den strahlenden Augen, ist wieder einmal pünktlich zur Stelle, um der Weinenden die Augen zum Schlummer zu schliessen.

Die Spannung steigt

Man spürt es regelrecht – es wird und muss etwas passieren. Zu lange schon läuft Odysseus als Bettler herum, zu lange schon schmarotzen die Freier in fremdem Haus, zu lange schon leidet Penelope.

In dieser Nacht ist auch Odysseus unruhig. Zuerst stören ihn im Schlaf die kichernden Mädchen, die sich heimlich zu den Freiern schleichen. Der Blutdruck von Odysseus steigt, als er dies sieht, aber er versucht seinen Zorn herunterschlucken, denn wahrlich, er hat schon schwerere Stunden durchgemacht. Dann wälzt er sich hin und her in der Sorge, wie er den Kampf gegen die Übermacht der Freier gewinnen könnte. Er ganz allein!

Wie wir schon unzählige Male auf Ithaka erlebt haben, ist Athene unermüdlich an seiner Seite. Wieder kommt sie vom

Olymp heruntergerauscht, um ihm Mut zu machen und Hilfe zu versprechen.

„Wie willst du den morgigen Tag mit Tatkraft und Konzentration bestehen, wenn du die ganze Nacht durchwachst. Du bist nicht allein, denn ich kämpfe an deiner Seite. So, schlummere nun ein!"

Ein Streichen über seine Augen und Odysseus fällt in Morpheus Arme.

Über seine Träume schweigt sich Homer aber aus, denn Morpheus ist der Gott des Traumes, ein Sohn von Hypnos, dem Gott des Schlafes. Nach ihm wurde das Morphium benannt. Und aus alter Tradition wünscht man sich im heutigen Griechenland noch immer einen ‚Kalos Hypnos' – einen guten Schlaf.

Als am nächsten Morgen die goldenthronende Eos am Osthimmel aufsteigt, war Odysseus schon auf den Beinen. Er richtet ein flehentliches Gebet an den Göttervater Zeus

Vater Zeus, wenn ihr Götter nach vielen Jammer mich huldreich
Über Wasser und Land in meine Heimat geführt habt,
Dann möge einer der wachen Menschen im Haus
Ein glückliches Wort sagen, und draussen am Himmel geschehe ein Zeichen.
Odyssee, 20. Gesang, Vers 98 – 101

Ein Wunder geschieht, eines der vielen Wunder der Heimkehr: Zeus schickt einen gewaltigen Donner herab vom Olymp aus den Wolken.

Odysseus vernimmt es mit Freuden. Aber auch eine der

Mägde, die gerade mit dem Mahlen des Kornes beschäftigt ist, schaut erstaunt zum Himmel:

Vater Zeus, der Götter und sterblichen Menschen Beherrscher,
Wahrlich, du donnertest laut vom Sternenhimmel und nirgends
Ist ein Gewölk; Du sendest gewiss jemandem ein Zeichen.
Odyssee, 20. Gesang, Vers 112–114

So ändern sich die Zeiten. Heute würden die Menschen zum Himmel schauen und sagen: Da hat schon wieder einer mit dem Düsenjäger die Schallmauer durchbrochen!

Die Magd schickt jedoch noch einige Wünsche hinterher. Sie bittet sehnlichst darum, dass heute die Freier das letzte Mal ihre wüsten Tafeleien abhielten, denn langsam wird ihr die Arbeit zur lästigen Qual.

Inzwischen sind auch die übrigen Mägde auf den Beinen und Eurykleia treibt sie an, das schmutzige Geschirr von den Tischen abzuräumen, Wasser zu holen und das Feuer anzumachen.

Nacheinander treffen nun Eumaios, der Schweinehirt, mit drei Schweinen ein, danach Melanthios mit einigen Ziegen, der es wieder nicht lassen konnte, den Bettler zu beleidigen, und zum Schluss Phoilitios mit einer Kuh. Letzterer ist ein ebenso treuer Geselle wie Eumaios.

Nach und nach versammeln sich auch die Freier wieder zum alltäglichen Schmaus. Telemachos will nun die Truppe etwas reizen und setzt Odysseus an einen kleinen Tisch in ihre Nähe und serviert ihm selbst Fleisch und Wein. Dabei lässt er verlauten:

Sitze nur ruhig hier und trinke Wein mit den Männern.
Vor Gewaltsamkeiten und Schmähungen will ich dich selber
Schützen gegen die Freier! Denn hier ist kein öffentliches
   Gasthaus,
Sondern Odysseus' Haus; und ich bin der Erbe des Königs!
Aber ihr, o Freier, enthaltet euch aller Beschimpfung
Und aller Gewalt, damit kein Zank noch Hader entstehe
Odyssee, 20. Gesang, Vers 262 – 267

Die Freier sind in der Tat überrascht. Solche kühnen Worte
waren sie von Telemachos bislang nicht gewöhnt. Athene ist
mittlerweile auch schon wieder da und beschliesst noch etwas
mehr Öl ins Feuer zu giessen.

Ktesippos, ein ungezogener Jüngling aus Same, bislang noch
nicht in Erscheinung getreten, wird von Athene zum Spötter
auserkoren und will Odysseus einen bösartigen Gefallen tun,
wie er sagt, und bewirft ihn mit einem Kuhfuss, den er unter
seinem Tisch liegen hatte. Doch Odysseus duckt sich weg und
der Kuhfuss prallt an die Mauer. Ein grimmiges Lächeln auf
den Lippen, seinen Zorn nur mühsam bezwingend, wird Odysseus gedacht haben: Warte nur ab, du wirst einer der ersten
sein, die leblos am Boden liegen!

Telemachos, nun noch mutiger geworden, straft den Frechling
mit geharnischten Worten:

„Es ist dein Glück, Ktesippos, dass du den Bettler nicht ge-
troffen hast, ich hätte dich sonst sofort mit der Lanze durch-
bohrt und dein Vater hätte deinen Leichnam hier abholen
können. Und das sei euch allen gesagt: Ich würde auf Dauer
lieber sterben, als eure wüsten Gelage noch lange zu akzeptieren, und auch euer unmögliches Benehmen einem Fremden ge-

genüber. Und was ihr ständig mit unseren Mädchen anstellt, das ist uns schon lange ein Gräuel."

Aus der Schar der Freier erhob sich nun Agelaos: „Werter Telemachos, du hast ja recht, aber habt ihr nicht selber ein Grossteil Schuld? Es dürfte doch nun endlich klar sein, dass Odysseus nicht mehr heimkehrt. Warum zögert Penelope ihre Entscheidung immer weiter hinaus und hält uns zum Narren? Möge sie sich doch endlich einen von uns auswählen, dann bist du uns los und kannst hier in Ruhe dein Essen und Trinken geniessen!"

Telemachos antwortete kurz und bündig, dass er zum einen die Wahl der Mutter nicht behindern wolle, aber zum anderen sie nicht zu drängen gedenke.

Homer schildert uns, schon wieder durch Athene initiiert, die Fratzen der Freier, wie sie sich jetzt gierig über das Fleisch hermachen, vor lauter Wein ihnen bereits die Augen tränen und über die kurze Rede Telemachos' nur schallendes Gelächter übrig haben.

Bis jetzt verhielt er sich still, doch jetzt hält ihn nichts mehr am Sitz: Theoklymenos, ein weiser Seher, den Telemachos von seiner Reise nach Pylos mitgebracht hat.

„Ihr Unglücklichen, ahnt ihr denn nicht, welches Unglück euch bevorsteht? Heulen und Zähneklappern steht euch bevor, die Wände und Tische werden von eurem Blut bedeckt sein. Dunkel wird es um euch werden und eure Seelen werden bald in den Hades hinabziehen".

Doch er erntete nur wiederum schallendes Gelächter, denn die Freier waren bereits so betrunken, dass sie seine warnenden Worte nicht mehr ernst nahmen. Im Gegenteil, sie halten alles für einen schlechten Scherz.

„Schlechtere Gäste als du sie jetzt hast, Telemachos, hat kaum je ein Gastgeber gehabt. Am besten bringen wir sie alle zum Hafen und verkaufen sie als Sklaven."

Während im Sohn der Zorn hochsteigt, beachten die Freier ihn überhaupt nicht und feiern lärmend weiter.

Der Tag der Rache

Die Göttin mit den strahlenden Augen, wie Homer sie oft nennt, ist schon wieder zur Stelle. In dieser Zeit ihrer ständigen Anwesenheit auf Ithaka scheint das restliche Hellas ein ausgesprochen bildungspolitisches Defizit genossen zu haben und die Weisheit der Griechen lag verkümmernd auf Eis. Jetzt flüstert sie Penelope ins Ohr:

„Edle Fürstin, gib deiner Dienerin den Schlüssel für die Waffenkammer und lass den Bogen deines Gatten holen. Es ist nun so weit, die Freier sollen zum Wettkampf antreten und zeigen, was ihnen steckt oder ob sie nur Maulhelden sind."

Diese Waffe hatte eine lange Vorgeschichte, denn Odysseus hatte sie bei einem Besuch auf der Peloponnes von König Iphitos als Geschenk erhalten und diesen Bogen nicht nach Troja mitgenommen. Nur kräftige Männer waren in der Lage, diesen Bogen überhaupt zu spannen.

Nachdem Pfeile und Bogen geholt waren, blieb Penelope, das göttliche Weib wie Homer sie überschwenglich bezeichnet, an der Schwelle zum Saal stehen und wandte sich an die Freier, wobei ihr sicher wieder die blauäugige Athene ermunternd zur Seite stand:

„Nun, ihr Freier, die ihr euch scharenweise in diesem Hause versammelt habt, hört mich an. Ihr gebt als einzigen Grund für diese wüsten Saufgelage an, dass ihr mich liebt und mich zur Gemahlin begehrt. Jetzt ist die Stunde der Entscheidung gekommen, auch wenn es mir schwer fällt. Wem es gelingt, diesen Bogen zu spannen und den Pfeil durch die zwölf Axtlöcher zu zielen, dem folge ich als Frau aus diesem Palast."

Eumaios und auch der Rinderhirt Philoitios brachen in Tränen aus, da beide den Bogen ihres tot geglaubten Herrn sahen. Kaum sah Antinoos die Rührseligkeit der beiden, da fuhr er sie auch schon an:

„Ihr törichten Bauern, ihr tagträumenden Toren, ihr Heulsusen, merkt ihr denn nicht, dass ihr die Trauer eurer Herrin nur vergrössert. Setzt euch hin und esst oder heult draussen weiter. Wir haben jetzt eine schwere Aufgabe mit dem Bogen vor uns!"

Da sprang Telemachos auf und rief:

„Ich kann es kaum ertragen, dass meine Mutter einem anderen folgen und dieses Haus verlassen soll.
Lasset mich es versuchen, denn schaffe ich es, so bleibt meine Mutter hier bei mir."

Und er nahm die 12 Axtköpfe, richtete sie in einer schnurgeraden Reihe im Boden auf und stampfte mit den Füssen die Erde fest. Kühn schnappte er sich den Bogen und versuchte die Sehne dreimal zu spannen, doch vergebens, seine Kräfte reichten nicht aus. Schon wollte er es ein viertes Mal versuchen, da gab ihm Odysseus den Wink, aufzuhören. Brav setzte sich Telemachos wieder auf seinen Stuhl und gab kleinlaut zu, dass diese Aufgabe für ihn wohl eine Nummer zu gross sei.

„Aber wohlan, ihr anderen, die ihr stärker seid als ich, jetzt zeigt mir, was ihr könnt!"

Als ersten forderte Antinoos den Jüngling Leiodes auf, das

Gerät zu spannen. Aber ebenfalls vergebens. Jetzt versucht Eurymachos den Bogen einzufetten und am Feuer etwas zu erwärmen, um ihn geschmeidiger zu machen. Diese Prozedur nützt Odysseus um die beiden Hirten nach draussen zu bitten. In der Vorhalle stellt er ihnen vorsichtig die entscheidenden Fragen:

„Stellt euch vor, euer Herr und Gebieter würde wieder hier am Hof erscheinen. Würdet ihr euch auf die Seite der Freier schlagen oder auf die Seite von Odysseus?"

„Welch eine Frage!", erwiderten beide spontan und flehten zugleich zu den unsterblichen Göttern, dass ihr Herr wiederkehre.

Da gibt sich ihnen Odysseus zu erkennen und verspricht ihnen für die Unterstützung im Kampf gegen die Freier ein Haus und eine Frau gleich in der Nähe des Palastes. Zugleich zeigte er ihnen seine Narbe am Bein.

Ergriffen umarmten ihn beide und küssten ihm Arme und Antlitz. Aber Odysseus war jetzt nicht nach Sentimentalitäten zumute und gibt ihnen Anweisungen für den Augenblick der Rache.

Athene hat gewiss alle Einzelheiten mit ihm durchgesprochen und wir nähern uns nunmehr unaufhaltsam dem gefährlichen und grossen Ereignis.

„Ich gehe nun voran, und ihr beide folgt mir einzeln im Abstand. Du, Eumaios reichst mir nachher Bogen und Pfeile, auch wenn die Freier meutern werden. Dann scheuche die Mägde aus dem Saal, keine soll sich blicken lassen, auch wenn es im Raum noch so hoch her geht. Und du, Philoitios, verriegele das Hoftor und binde zusätzlich noch Seile herum."

Im Saal hat inzwischen Eurymachos den Bogen ergriffen,

nachdem er ihn über dem Feuer etwas gedreht hatte. Dennoch gelang es auch ihm nicht, die Sehne zu spannen. Mit vor Anstrengung rotem Gesicht rief er wütend:

„Eine Schande ist es, dass es uns nicht gelingt, den Bogen zu spannen. Es ist ja nicht wegen der Hochzeit – auf Ithaka und den umliegenden Inseln gibt es noch andere hübsche Griechinnen. Nein, wir haben uns lächerlich gemacht und selbst unsere Enkel werden davon noch erzählen!"

Antinoos versucht ihn zu beruhigen:

„Edler Eurymachos, mach dir nichts daraus. Heute feiern wir das Fest Apollons. Jetzt trinken wir erst einmal fröhlich noch einen Becher Wein miteinander und lassen uns das köstliche Fleisch schmecken. Wir lassen alle Äxte stehen und nachdem wir morgen Apollon, dem bogengewandten Gott geopfert haben, versuchen wir es noch einmal!"

Nachdem sie dem Wein kräftig zugesprochen hatten und ihre Lautstärke weiter angeschwollen war, meldete sich der listenreiche Odysseus:

„Hört mich an, ihr edlen Freier der vielgerühmten Fürstin. Besonders ihr, Antinoos und Eurymachos, habt recht, wenn ihr euch auf die Hilfe der Götter verlasst und den Kampf auf morgen verschiebt. Aber ich möchte euch in aller Bescheidenheit um eines bitten: Überlasst mir einmal den Bogen und lasst mich prüfen, ob meine Kräfte noch dazu ausreichen oder ob durch die lange Leidenszeit Muskeln und Gliedmassen erschlafft sind!"

Das war als ob ein Wespenschwarm über die Freier hergefallen wäre.

Zornig stellten sie ihre Becher auf den Tisch und erhoben wütend ihre Fäuste. Antinoos fand als erster seine Sprache wieder und sprang hoch:

„Du elender Bettler! Ist es dir nicht genug, dass du bei uns am Tisch sitzen darfst. Hast du denn allen Verstand verloren, dass du dir so etwas herausnimmst. Dir ist wohl der Wein zu Kopf gestiegen. Wage nicht, den Bogen zu ergreifen, das würde dein Unglück sein. So, und jetzt sitz, iss und trink und versuch dich nicht mit jüngeren Männern zu messen!"

Penelope, die das ganze mit angehört hatte, mischte sich nunmehr ein:

„Antinoos, wie behandelst du einen Gast meines Sohnes! Du glaubst doch nicht allen Ernstes, dass ich ihm als Gemahlin folgen würde, könnte er den Bogen spannen! Und er selbst dürfte kaum solche Gedanken hegen. Gebt ihm also den Bogen und lasst euch bei eurem Festmahl nicht von so einem alten Mann stören!"

Penelope staunt über ihren selbstbewussten Sohn, fügt sich aber und verlässt den Saal. Als Eumaios jetzt den Bogen ergreifen will, erntet er wütenden Protest der Freier.

„Lausiger Schweinehirt! Wenn du nicht sofort den Bogen wieder hinstellst, dann kommen wir demnächst in deine Hütte und du sollst mal sehen, wie schnell du im Hades bist".

Ein zweites Mal trumpft Telemachos als Hausherr auf, Eumaios gehorcht zitternd und überreicht Odysseus den Bogen. Schnell sprangen Eumaios und Philoitios an ihre Stellungen und verriegelten Türen und Tore, auf dass keiner der Freier entfliehen konnte.

Odysseus nimmt liebevoll seinen alten Bogen in die Hand, dreht ihn hin und her und überprüft ihn auf Wurmstichigkeit. Die Freier wundern sich ein wenig darüber, wie dieser Alte mit dem Bogen hantiert. Und nun kommt die grosse Stunde des

Helden. Lassen wir dazu Homer selbst berichten:
So wie ein Mann, erfahren im Lautenspiel und Gesange,
Leicht mit dem neuen Wirbel die klingende Saite spannet,
Knüpfend an beiden Enden den schöngespannten Schafdarm:
So nachlässig spannte den grossen Bogen Odysseus.
Und mit der rechten Hand versucht er die Sehne des Bogens;
Lieblich tönte die Sehne und hell wie die Stimme der Schwalbe.
Odyssee, 21. Gesang, Vers 406 – 411

Den Freiern wurde langsam etwas mulmig. Mit blassem Gesicht beobachteten sie die Manipulationen des „Bettlers". Und um das ganze noch zu unterstreichen, liess Zeus zur Freude des Odysseus einen Donner vom Olymp erschallen.

Durch die Zustimmung von Zeus motiviert, nahm Odysseus den vor ihm liegenden Pfeil, spannte den Bogen, zielte ein wenig und schoss den Pfeil durch sämtliche zwölf Äxte. „So", sprach er zu Telemachos, „ich denke, dein Gast hat dir keine Schande gemacht. Ganz so alt und schwächlich, wie mich die Freier einschätzen, bin ich nun doch nicht. Und jetzt ist es Zeit für den Abendschmaus. Lasst es euch schmecken!"

Das war das Stichwort für Telemachos. Er zog sein Schwert aus der Scheide und positionierte sich zusammen mit seinem Vater an der Tür.

Das folgende Szenario soll drastisch gekürzt und nicht in allen Details beschrieben werden, zu sehr ähnelt es den vielen grausamen Schlachten und Schiessereien in den häufig verblödenden Filmen und Video-Spielen, die anscheinend nur Jugendlichen mit geringem Intelligenz-Quotienten eine beschämende Freude bereiten.

Hier weitgehend im Stenogrammstil:

Der erste Schuss traf Antinoos. Der Rächer Odysseus brüllt seinen ganzen Zorn in den Saal:

Ha, ihr Hunde! Ihr wähnet, ich kehrete nimmer zur Heimat
Aus dem Land der Trojer! Drum zehret ihr Schwelger mein
  Gut auf,
Und beschließt mit Gewalt die Weiber in meinem Palaste,
Ja, ihr warbt sogar, da ich lebte, um meine Gemahlin:
Weder die Götter scheuend, des weiten Himmels Bewohner,
Noch ob ewige Schand auf eurem Gedächtnis ruhte!
Jetzt ist über euch alle die Stunde des Todes verhänget!
Odyssee, 22. Gesang, Vers 34 – 41

Homer beschreibt leider nicht, wie die Äxte ausgesehen haben, denn wie können die Äxte wohl ausshen?

Eurymachos, einer der hinterlistigsten Freier, versucht noch, Odysseus zum Einlenken zu überreden, indem er Schadensersatz für das wüste Benehmen anbietet. Doch einmal in Fahrt, kennt Odysseus kein Erbarmen mehr. Wie immer in solch brenzligen Situationen ist Athene an seiner Seite, zuerst als Mentor, eines Beschützers Telemachos', und später als Schwalbe.

Irgendwann ist der Saal von Leichenhaufen bedeckt. Homer vergleicht die Leichen noch sehr plastisch und wenig mitfühlend mit Fischen, die aus den Netzen der Fischer auf den versengenden, trockenen Sand zappelnd geleert werden.

Nur zwei Männer werden verschont: Phemios, der Sänger und Medon, der Herold.

Die Schlacht ist geschlagen, nun gilt es aufzuräumen. Odysseus, noch immer im Blutrausch, hat sich eine grausame Strafe ausgedacht. Er befiehlt Eurykleia diejenigen der Mägde herauszuholen, die mit den Freiern angebandelt hatten. Sie sollen die Toten herausschaffen und den Saal von Blut und Dreck säubern. Von den fünfzig Mägden sind es zwölf, die in den Betten der Freier gelandet waren. Die Mädchen weinten und schluchzten, wohl ahnend, was ihnen bevorstand. Kaum hatten sie ihr reinigendes Werk erledigt, führten die beiden Hirten sie nach draussen und brachten sie um. Telemachos zeigt sich jetzt von einer grausamen Seite. Die Hirten sollten die untreuen Mägde nicht mit dem Schwert erschlagen, sondern sie sollten schmählich am Strick landen.

Der Gipfel antiker Grausamkeit war die Hinrichtung des Ziegenhirten Melanthios, dem sie Nase, Ohren und Geschlecht abschnitten und dann Hände und Füsse vom Rumpf trennten.

So, das mag genug an Blutvergiessen sein und wir wollen uns wieder auf weniger schreckensvolle Pfade begeben, denn, so Homer, das Werk ist vollendet.

Ein solches Gemetzel hinterlässt natürlich seine Spuren und bevor Penelope den Saal wieder betritt, soll alles wieder ordentlich aussehen und riechen. Also trägt Odysseus der treuen Eurykleia auf, Feuer und Schwefel zu bringen, um den Saal auszuräuchern.

Danach umringten alle übrig gebliebenen gehorsamen Mägde den heimgekehrten König, küssten ihm Schulter und Gesicht und drückten seine Hände. Odysseus aber weinte und schluchzte vor Freude. Welch ein rasanter Wandel, möchte man sagen, eben noch der rächende Freier-Vernichter und nur ein wenig später wird er schon wieder sentimental!

Odysseus und Penelope

Die Zeit der wüsten Gelage ist nun vorbei. Es kehrt wieder Ruhe in den Palast ein. Aber die Anzahl der Prüfungen ist für Odysseus noch nicht vorbei.

Kaum ist der Saal wieder aufgeräumt, steigt Eurykleia frohen Herzens zu ihrer von Athene in Schlaf versetzten Herrin, um ihr die frohe Botschaft zu überbringen. Homer beschreibt die Gelöstheit der treuen Amme so treffend: Jugendlich strebten die Knie, und hurtiger eilten die Schenkel.

„Wach auf, Penelope, geliebte Tochter, und schau es
Selbst mit den Augen, worauf du so lange geharret: Odysseus
Ist gekommen, Odysseus! Und wieder zu Hause, nun endlich!"
Odyssee, 23. Gesang, Vers 5 – 7

Penelope hingegen, noch halb verschlafen, traut diesem euphorischen Ausruf nicht. „Mütterchen, ich glaube, die Götter haben dir ein wenig die Sinne vernebelt! So gut wie heute habe ich schon lange nicht mehr geschlafen seit Odysseus gen Troja aufbrach und jetzt kommst du und weckst mich unnötig!"

Eurykleia bekräftigt noch einmal, dass sie die Wahrheit spricht. Sie habe die Narbe am Bein entdeckt, durfte aber dieses Geheimnis nicht verraten, nur Telemachos wusste Bescheid. Die beiden Damen diskutieren noch ein wenig hin und her, bis Penelope sich endlich bereit findet, in den Saal hinabzusteigen.

Ihr Herz schlug heftig und noch immer zweifelte sie, ob sie ihren Gemahl nur von fern befragen oder ihm gleich um den Hals fallen sollte.

Die Skepsis überwog und so setzte sie sich weit von Odysseus entfernt an die Wand. Odysseus war wohl ein wenig gekränkt, dass sie sich so distanziert verhielt. An eine Säule gelehnt, senkte er die Augen und wartete, was Penelope ihm zur Begrüssung sagen würde.

Was ging in ihrem Herzen vor? Mal dachte sie, er sei es, dann kamen wieder wegen der schäbigen Kleidung Zweifel in ihr hoch.

Telemachos war ungeduldig geworden und konnte das Zaudern der Mutter nicht verstehen. Wir kennen ihn gar nicht wieder, so grimmig fährt er seine Mutter in Gegenwart von Odysseus an:

„Mutter, du böse Mutter, von unempfindlicher Seele!
Warum sonderst du dich von meinem Vater, und setzest
Dich nicht neben ihn hin und fragst und forschest nach allem?
Keine andere Frau wird sich von ihrem Gemahle
So halsstarrig entfernen, der nach unendlicher Trübsal
Endlich im zwanzigsten Jahre zum Vaterlande zurückkehrt!
Aber du trägst im Busen ein Herz, das härter als Stein ist!"
Odyssee, 23. Gesang, Vers 97 – 103

Penelope aber hat bereits ihre eigene Taktik ausgeheckt und geplant, um den Heimkehrer auf seine „Echtheit" zu prüfen.

„Lass das meine Sorge sein, mein Sohn, ich will den Heimkehrer testen. Denn wir haben ein geheimes Zeichen, das nur uns beiden bekannt ist."

Odysseus schmunzelt ein wenig: „Lass der Mutter nur ein wenig Zeit. Vergiss nicht, in meinem zerlumpten Anzug ist es ja auch schwer für sie, ihren Mann wieder zu erkennen. Aber das wird sich bald ändern. Jetzt haben wir jedoch ein anderes Problem. Niemand darf die Kunde vom Tod der Freier nach aussen tragen, denn wir haben die Jugend Ithakas und der Nachbarinseln getötet. Wenn das bekannt wird, dann dürften sich sehr schnell die ersten Rächer einstellen. Daher lasst uns jetzt feiern.

Jeder befreit sich von Blut und Schmutz , wasche sich und ziehe sich schöne Kleider an. Die Musik soll aufspielen, damit jeder denke, hier im Palast wird eine Feier abgehalten. Morgen sehen wir dann mit Hilfe des Ratschlusses der Unsterblichen weiter."

So geschah es. Wahrlich, eine makabre Feier nach einem solchen Gemetzel.

Der listenreiche Odysseus wusste was zu tun war und stieg in die Badewanne.

Um die Wiedervereinigung zu erleichtern, ist Athene, die nimmermüde, strahlende Göttin wieder zur Stelle und schafft mit ihren Zauberhänden wieder mal eine Verjüngungskur an unserem Helden. Das Haupt umstrahlt Athene mit göttlicher Anmut, zugleich wird er grösser und die Schultern breiter, vom Scheitel fielen ihm goldene Locken herab, so Homer.

Als Leser muss man sich immer wieder wundern, wie schön und von welch stattlicher Statur die Alten Griechen waren. Oder hat Homer all seine Idealvorstellungen von Grazie, Anmut, Schönheit und Strahlkraft in und auf seine Hauptpersonen projiziert?

So verwandelt und verschönert nimmt Odysseus Platz auf seinem Stuhl, gegenüber dem Platz seiner Gemahlin. Nun kann auch er nicht mehr anders, als seiner Frau leichte Vorwürfe wegen ihrer kühlen Haltung zu machen, obwohl er es aus einer anderen Sichtweise wiederum aus Zeichen ihrer Treue ansieht. Doch die kluge Penelope, so nennt Homer sie immer wieder, ist raffinierter als wir denken. Mit ganz wenigen Sätzen prüft sie Odysseus, ob er es denn wirklich sei, denn nur das gemeinsame Geheimnis ist das Kennzeichen für seine Wahrhaftigkeit.

„Bereitet dem müden Fremden ein Bett, damit er sich ausruhen kann. Zieht unser gemeinsames Bett, das Odysseus selbst gebaut hat, hinaus ins Freie und deckt ihn wegen der nächtlichen Kälte gut mit Decken und Fellen zu!"

Der sonst selbst so listenreiche Odysseus fällt prompt auf diese weibliche List herein und gerät etwas ausser sich.

„Weib", so redet er sie kurz und bündig an, „jetzt hast du mich aber wirklich gekränkt. Das Bett ins Freie ziehen? Kein Sterblicher vermag dieses Bett zu verrücken, es sei denn, die Götter helfen ihm dabei. Denn ich habe es selbst gebaut und ein grosses Geheimnis liegt darin. Ein Ölbaum wuchs an dieser Stelle, um diesen Baum herum baute ich nach der Hochzeit unser Schlafgemach. Dann hackte ich dem Olivenbaum die Krone und die Äste ab, säuberte und glättete ihn und funktionierte den Stamm zum Bettpfosten um. Das zierliche Bett baute ich dann drum herum und schmückte es mit Silber, Gold und Elfenbein."

Er ist es, nur er weiss es, dachte Penelope bei sich und nun war kein Halten mehr. Sie sprang auf und stürzte sich in die Arme Odysseus', küsste und herzte ihn.

„Sei mir nicht böse, Odysseus. Anscheinend haben uns die Götter unser Glück nicht gegönnt. Und dass ich dich, Geliebter, nicht gleich beim ersten Blick willkomen hiess, wer kann mir das verdenken. Stets lebte ich in der Angst, irgendeinem schlauen Betrüger auf den Leim zu gehen.

Denke doch nur an Helena! Hätte sie gewusst, was aus ihrem Abenteuer entstehen und wieviel Leid über Griechen und Trojaner kommen würde, dann wäre sie bei etwas Vernunft diesem jungen Paris nicht gefolgt. Aber jetzt bist du wieder da, denn nur du kennst das Geheimnis unseres Schlafgemachs. Mein Herz erkennt dich wieder!"

Beide weinten vor Freude.

Im Grunde hätte mit diesem gefühlvollen Wiedersehen, die Anglo-Amerikaner bezeichnen es als Happy-End, die ganze Odyssee ihren vom Leser erwarteten und erhofften Abschluss finden können. Doch Homer denkt noch nicht daran, denn Odysseus ist zwar heimgekehrt, aber noch ist es hier auf Ithaka nicht die letzte Prüfung, die es zu bestehen gilt.

Die Nacht wäre schnell vorbeigegangen, hätte nicht Athene wiederum für eine gar nicht so kleine Verzögerung gesorgt, indem sie die rosenfingrige Eos am Ende der Nacht davon abgehalten hätte, ihren Wagen für die Frühschicht anzuspannen.

Beide konnten jedoch nicht gleich einschlafen, denn zuviel hatten sie einander zu erzählen. Nicht die gesamte Geschichte wollen wir an dieser Stelle wiederholen, sondern nur Odysseus' Erinnerung an die Weissagungen des Sehers Teiresias. An Penelope gewandt spricht er mit schwerem Herzen:

„Ich selbst freue mich darüber überhaupt nicht, aber der weise Seher befahl mir, weiter durch die Welt zu gehen, in der Hand ein geglättetes Ruder, immer weiter, bis ich zu Menschen komme, die das Meer nicht kennen, ihre Speisen ungesalzen zu sich nehmen und denen ein Schiff unbekannt ist. Teiresias hat mir auch prophezeit, wann ich am Ziel bin.

Wenn mir ein einsamer Wanderer in der Fremde begegnet,

der meint, ich hätte eine Schaufel auf der Schulter, dann soll ich an dieser Stelle das Ruder in die Erde stecken und dem mir noch immer zürnenden Poseidon opfern. Dann erst darf ich in die Heimat zurückkehren und hier allen Unsterblichen opfern. Wenn ringsherum das Volk glücklich und zufrieden ist, siehe, dann wird mich der Tod im hohen Alter ganz sanft zu sich holen."

Penelope ist keineswegs betroffen, sondern hofft mit ihm auf ein glückliches, gemeinsames Alter.

Nachdem sie, so Homer, die Fülle der seligen Liebe kosteten, wachten sie noch lang, bevor sie glücklich einschliefen.

Letzte Prüfungen

Wer nun der Ansicht ist, Athene könnte jetzt nach getaner Arbeit, die ionischen Gefilde endgültig in Richtung Olymp verlassen, der irrt.

Überall hat sie ihre Augen. Und als sie der Ansicht ist, Odysseus und Penelope hätten jetzt genug Zeit füreinander, Muße und Schlaf gehabt, da lässt sie die goldenthronende Frühe am Osthimmel mit ihren beiden Rossen auftauchen, damit sie die finstere Welt erleuchte.

Kaum aufgestanden, macht sich Odysseus zusammen mit Telemachos und den beiden Hirten auf den Weg zu seinem Vater Laërtes, denn er weiss, jetzt ist es Zeit, hier zu verschwinden. Wenn sich auf der Insel die Kunde von den getöteten Freiern herumspricht, dann wird es nicht lange dauern und die Racherufe werden unter den Angehörigen laut werden.

Pallas Athene ist wiederum zur Stelle und umhüllt zum Schutz die vier Gefährten mit einen dichten Nebel.

Homer flicht zwar an den Beginn des vierundzwanzigsten

Gesangs eine lange Episode aus dem Hades ein. Die toten Helden der „Ilias" unterhalten sich und in dieser Zeit treffen unter der Führung des Psychopompos Hermes die Schatten der toten Freier ein. Diese farbige Szene ist sicher von ihrer poetischen Seite her ungemein lesenswert, hat aber für die weitere Betrachtung der Geschehnisse keine Bedeutung.

Laërtes hat sich aus Trauer über seinen verloren geglaubten Sohn aufs Land zurückgezogen. Nur mit einer alten Dienerin und einigen Knechten, die ihm bei der Landwirtschaft halfen, lebte er hier einsam und voller Gram. Beim Eintreffen der Vier ist Laërtes nicht im Haus und so macht sich Odysseus auf die Suche.

Er findet ihn bei der Gartenarbeit. Der Anblick verschlägt ihm, dem Redegewandten, fast die Sprache. Kein königlicher Habitus mehr, nein, in ein zerlumptes, vor Schmutz starrendes Gewand gekleidet sieht er seinen Vater, auf dem Kopf eine Kappe aus Ziegenfell und die Füsse in ledernen Gamaschen zum Schutz gegen die Dornen.

Odysseus ist wieder einmal im Widerstreit der Gefühle. Soll er seinem alten Vater um den Hals fallen und sich gleich zu erkennen geben oder schauen, ob er ihn erkennt. Dann siegt wieder seine Fabulierkunst.

„Sei gegrüsst, Alter. Wenn ich mich hier so umschaue, dann sehe ich alles in einem gepflegten Zustand. Nur du selbst läufst in so alten, zerrissenen Kleidern herum. Gibt es denn niemanden, der für dich sorgt?"

Und nach einer Pause: „Bin ich hier wirklich auf Ithaka, wie mir vorhin ein Mann erzählte? In meinem Vaterlande habe ich einmal einen Fremden bewirtet, der mir erzählte, er stamme von hier und sein Vater hiesse Laërtes. Reich beschenkt habe ich ihn weiterziehen lassen."

Lange hat Laërtes nichts von seinem Sohn gehört. Jetzt schiessen ihm die Tränen in die Augen.

„Ja, Fremder, du bist auf Ithaka. In der Zwischenzeit ist hier jedoch viel Unerfreuliches geschehen und habgierige Männer haben die Herrschaft übernommen. Aber sag mir die Wahrheit: Wie lange ist es her, dass dich mein Sohn besuchte? Und wo liegt dein Schiff, das dich hierher brachte?"

Der Listenreiche tischt ihm wieder eine seiner phantasievollen Geschichten auf. Doch als Odysseus sieht, dass sein Vater vor Tränen zerfliesst, kann auch er sich nicht mehr zurückhalten und gibt sich zu erkennen.

Homer beschreibt diese Szene so rührend

....Und den Vater umhüllte die schwarze Wolke des Kummers.
Siehe, er nahm mit den Händen dürren Staub auf und
streut ihn
Über sein graues Haupt, und weinte und jammerte herzlich.
Aber Odysseus' Herz floss dahin, und es schnob in der Nase
Ihm der erschütternde Schmerz beim Anblick des liebenden
Vaters
Odyssee, 24. Gesang, Vers 315 – 319

„Vater, ich bin es, dein Sohn. Nach zwanzig Jahren voller Leid bin ich heimgekehrt. Darum trockne deine Tränen. Wir haben noch einiges zu tun, denn inzwischen habe ich sämtliche Freier in unserem Haus getötet."

Doch auch Laërtes ist noch etwas misstrauisch. „Gib mir ein Zeichen, dass du wirklich mein geliebter Sohn bist!"

Und Odysseus zeigt auch ihm die Narbe am Bein und um die

214

Glaubwürdigkeit weiter zu steigern, nennt er ihm die Anzahl der hier angepflanzen Obstbäume.

Das war zuviel für den leidgeprüften Alten. Ohnmächtig sank er an die Brust seines Sohnes. Als er wieder zu sich kam, stützte ihn Odysseus beim Gehen und gemeinsam kehrten sie zurück zu den Hirten, wo sie ihr Mahl verzehrten.

Während sie so in aller Gemütlichkeit essen und trinken braut sich Unheil über ihren Köpfen zusammen. In Windeseile hatte sich die Nachricht vom Tod der Freier über ganz Ithaka ausgebreitet.

Wehklagend und lärmend versammelten sich die Angehörigen und Freunde vor dem Palast und trugen die Toten hinaus. Jeder bestattete die Seinen und die toten Freier, die von den umliegenden Inseln gekommen waren, wurden auf Fischerbooten in ihre Heimat gebracht.

Doch des Volkes Zorn stieg und so versammelte man sich auf dem Marktplatz. Eupeithes, der seinen Sohn Antinoos als ersten verloren hatte, erklärte sich zum Sprecher der Hinterbliebenen und weinend sprach er zur Versammlung der Griechen:

„Freunde, es ist ungeheuerlich, was der Sohn des Laërtes unserer Insel angetan hat. Erst entführt er unsere tapfersten Söhne mit unseren Schiffen nach Troja. Und ohne eines unserer Schiffe und ohne einen seiner Gefährten kehrt er zurück. Und jetzt als Krönung seines unverschämten Handelns tötet er die Edelsten unseres Landes. Wir sollten schnell sein, denn es könnte sein, dass Odysseus unsere Rache fürchtend sich übers Meer wieder aus dem Staube macht. Darum holt eure Waffen, wenn wir den Mörder unserer Kinder und Enkel nicht bestrafen, dann könnte ich nicht mehr in Frieden und Ruhe leben!"

215

Doch es gab warnende Stimmen. Der Sänger Medon, der alles hautnah miterlebt hatte, meldete sich zu Wort: „Hört mich an, ihr Männer von Ithaka. Odysseus hat nicht ohne Rat und Hilfe der Götter gehandelt. Mit eigenen Augen sah ich den Gott in Mentors Gestalt an der Seite des Königs."

Halitharsis, der weise Prophet, der schon einmal am Beginn der Odyssee in die Zukunft geschaut hatte, unterstützte die Warnung von Medon:

„Ihr Männer von Ithaka, tragt ihr nicht ein wenig Mitschuld an diesem ganzen Geschehen? Habt ihr nicht weggeschaut, als eure Söhne im Palast des Odysseus sich unverschämt benahmen und dort auf Kosten des verloren geglaubten Hausherrn dessen Hab und Gut verprassten? Lasst es nun gut sein, seht ab von Rachegedanken, sonst stürzt ihr euch noch selbst ins Verderben!"

Einige hörten auf die mahnenden Worte des Weisen, doch die anderen folgten dem Racheaufruf Eupitheis', holten ihre Waffen und brachen zum Haus des alten Laërtes auf, wo sie Odysseus vermuteten.

Jetzt folgt wieder eine Szene oben im Olymp. Athene selbst tritt jetzt ausnahmsweise einmal als Bittstellerin auf.

„Vater Zeus, aller Könige Herrscher, wie ist dein weiser Beschluss? Plädierst du weiterhin für Krieg und Verderben oder erscheint dir Frieden und Freundschaft als die bessere Lösung?"

„Was fragst du mich", antwortete der Wolkenversammler nicht gerade interessiert, „du hast doch für dich schon das bisherige und das weitere beschlossen. Ich halte mich daraus. Aber einen Ratschlag gebe ich dir noch: Schau zu, dass wieder Frieden unter den Parteien einkehrt und dass sie das Vergangene aus ihrem Gedächtnis tilgen. Odysseus soll König bleiben und weise über das Volk herrschen!"

Mit dieser Legitimation sauste Athene blitzschnell vom Olymp nach Ithaka und kam gerade zurecht, um das Schlimmste zu verhindern.

Denn in der Zwischenzeit waren Eupeithes und seine Mannen vor der Hütte Laërtes' mit ihren Waffen aufmarschiert. Insgesamt acht Mann zählte Odysseus' Truppe. Athene hatte sogar dem greisen Laërtes wieder Kraft und Mut eingehaucht und er schwang seine Lanze und traf Eupeithes tödlich. Odysseus und Telemachos fuhren nun wie Berserker unter die Gegner.

Doch schnell trennte Pallas Athene die Kämpfenden mit donnernder Stimme:

„Ruht, ihr Ithaker, ruht vom unglückseligen Kriege!
Schonet das Menschenblut und trennt euch schnell voneinander!"
Odyssee, 24. Gesang, Vers 531 – 532

Erschrocken ob der gewaltigen Stimme liessen die Ithaker die Waffen fallen und flohen. Odysseus wollte schon wieder hinterher rasen, wie ein hochfliegender Adler, so Homer, aber jetzt war es Zeus zuviel. Er schickte einen flammenden Strahl vom Olymp, ein Zeichen, dass auch Odysseus verstand.

Nun sprach Athene, die Göttin mit den strahlenden Augen in Gestalt Mentors zu ihm die abschliessenden und versöhnenden Worte:

„Edler Laërtiad, erfindungsreicher Odysseus!
Halte nun ein und ruhe vom allverderbenden Kriege

217

Dass dir Kronion nicht zürne, der Gott weithallender Donner!"
Also sprach sie; und freudig gehorcht Odysseus der Göttin.
Zwischen ihm und dem Volk erneuerte jetzt das Bündnis
Pallas Athene, die Tochter des wetterleuchtenden Gottes,
Mentorn gleich in allem, sowohl an Gestalt wie auch an Stimme.
Odyssee, 24. Gesang, Vers 542 – 548

Mit diesen Versöhnungsgesten endet die Odyssee.

Nicht eben spektakulär!

Aber immerhin nach den vielen leidvollen und grausamen Geschehnissen ein Lichtblick.

Zwanzig Jahre liegen hinter Odysseus, zehn Jahre kämpfte er vor und in Troja. Wir haben ihn nur auf den letzten zehn Jahren begleitet, mit ihm gelitten, ihn manchmal gefürchtet, oft bewundert und manchmal weggeschaut, wenn sich sein Handeln nicht so recht mit unserer durch das wahre Christentum geprägten Haltung vereinbaren liess.

Niemand kann uns verraten, ob die vom Seher Teiresias angedeutete Weiterreise auch stattfand und Odysseus noch einmal zu neuen Ufern aufbrach.

Aber was solls! Wir sind ihm bis hierher gefolgt und alles was danach kommen könnte, kann vielleicht unsere Phantasie beflügeln und Ausgangspunkt für eigene Poesie werden.

Auf jeden Fall wird Odysseus zurück in seinen Palast kehren, wieder glücklich mit seiner Gemahlin Penelope die Zeit verbringen und dem Wunsche Zeus' folgen, Zufriedenheit und Ruhe bei seinen Untertanen einkehren zu lassen.

Epilog

Der Leser wird registriert haben, dass bei den letzten Kapiteln, die auf der Insel Ithaka handeln, keinerlei Deutung und keine Beurteilung erfolgt ist wie es von Zeit zu Zeit bei den vorhergehenden Kapiteln erfolgt ist.

Zartbesaitete Leser und vielleicht nicht nur die werden zu Recht fragen: Muss es denn zum Schluss im Palast des Odysseus noch zu einem solch grauenvollen und wahnsinnigen Massaker kommen? Wäre nicht eine andere Handlungsweise im Sinn von Verzeihen und Vergeben eine würdigere und menschlichere Lösung gewesen?

Mussten über hundert Menschenleben dem Zorn und der Rache des Odysseus zum Opfer fallen?

Diese Fragen wären berechtigt, handelte es sich um eine geschichtliche Erzählung. Wie schon oft angedeutet und durch die vielen Interaktionen der Götter offensichtlich, ist das Ganze mehr eine Allegorie, eine Metapher – es ist der Weg vom rauhbeinigen und berechnenden Seefahrer Odysseus hin zu einem liebenden und versöhnlichen Menschen.

Über die vielen Stationen der Reise hinweg findet im Aussen eine Reihe von Wandlungen und Bewusstseinsveränderungen statt.

Im Inneren jedoch, tief drinnen, liegen noch viele zu kritisierende Eigenschaften, die es ebenfalls zu erlösen gilt.

Unter diesem Aspekt sind die Freier nichts weiter als ins Aussen projizierte eigene negative Eigenschaften, die es zu überwinden gilt.

Um einige beim Namen zu nennen: Arroganz, Hochnäsigkeit, Eigensucht, Rücksichtslosigkeit, Anmassung, Masslosigkeit,

Herablassung gegenüber anderen Menschen niederer Herkunft, Trunk- und Fresssucht und so fort.

Heimkehr bedeutet mehr als nur nach Hause zu fahren oder zurückkehren.

Dieser Begriff hat eine völlig andere emotionale Untermalung.

Gerade die Deutschen werden diese Wörter besser verstehen als andere Nationen, denn auch die Heimkehrer und Spätheimkehrer aus russischer Kriegsgefangenschaft sind durch unsägliche Leiden gegangen. Erst durch die Hölle des Krieges und dann durch die Entbehrungen und Leiden in der Gefangenschaft.

Ihre Heimkehr führte sie zurück in die Arme ihrer Lieben,

Aber: Nicht jede wartende Frau war so standhaft und treu wie Penelope – andere Freier haben die Abwesenheit der gefangenen Männer ausgenutzt oder die Frauen glaubten nicht mehr an eine Heimkehr. Einsamkeit macht schwach.

Kehren wir zurück zu Odysseus, unserem Helden.

Er ist wahrlich heimgekehrt.

Zwei Seelen finden wieder zueinander und werden wieder eins.

Bleibt Odysseus auf Ithaka?

Das normale Ende der Odyssee klimgt so ein wenig nach dem abgedroschenen Anglizismus „happy end". Aber bleibt er wirklich daheim?
Rufen wir uns daher noch einmal seinen Abstieg in den Hades vor Augen.

Was prophezeit ihm dort der blinde Seher Teiresias?

Siehe, dann nimm in die Hand ein geglättetes Ruder, und
 gehe
Fort in die Welt, bis du kommst zu Menschen, welche das
 Meer nicht
Kennen, und keine Speise gewürzt mit Salz geniessen,
Welchen auch Kenntnis fehlt von rotgeschnäbelten Schiffen,
Und von geglätteten Rudern, den Fittichen eilender Schiffe.
Deutlich will ich sie dir bezeichnen, dass du nicht irrst

.........................Zuletzt wird ausser dem Meere
Kommen der Tod, und dich, vom hohen behaglichen Alter
Aufgelösten, sanft hinnehmen, wenn ringsum die Völker
Froh und glücklich sind.

Nun hab ich dein Schicksal verkündet.
Odyssee, 11. Gesang, Vers. 121 – 138

Ithaka ist stolz auf den großen Sohn.
Im kleinen Ort Stavros ist im Zentrum diese geografische Karte ausgestellt, die Odysseus' Heimreise darstellen soll.
Nicht weit von hier soll auch die Stelle sein, von der aus Odysseus mit seinen Mannen in See gestochen sein, erst nach Aulis und dann von da aus mit der Flotte des Agamemnon zusammen nach Troja weiter gesegelt sein.

Wer war Homer?

Eine der schwierigsten Fragen für alle Altphilologen.

Nur einige Daten scheinen gesichert: Er lebte im achten Jahrhundert vor Christus. Wo er geboren ist, darüber stritten sich schon die Alten Griechen.

Smyrna, Chios, Ithaka – um nur einige zu nennen – erheben Anspruch auf ihn. Dabei ist nicht einmal sicher, ob es Homer als eine einzige Person überhaupt gegeben hat oder ob sich mehrere Poeten die beiden Hauptwerke als Gemeinschafts-Epos geteilt haben.

Für die meisten Homer-Forscher steht fest, dass er irgendwo an den Küsten Kleinasiens gelebt hat.

Ende des Jahres 2007 widmete die „Frankfurter Allgemeine" in grosser Aufmachung eine Beschreibung des Privatgelehrten Raoul Schrott, in dem dieser, nur auf die „Ilias" fixiert, Homer heimatlich in Südanatolien in Kilikien ansiedeln wollte.

Wir können seine Meinung absolut nicht teilen, denn er übergeht aus Furcht, Bequemlichkeit oder aus Besessenheit für seine Idee einfach die „Odyssee".

Kein Wort darüber.

Warum?

Weil seine Theorien dadurch etwas ins Wanken kämen.

So viel Phantasie traut er Homer einfach nicht zu.

Zu unserer Genugtuung bedachte kurze Zeit später der Basler Altphilologe und Homer-Forscher Joachim Latacz in einem Kurz-Interview im „Spiegel" die Thesen von Schrott mit der Formulierung

„Eine irrwitzige Phantasterei".

Wie dem auch sei: Wir können in diesem Buch die Frage

nicht lösen oder beantworten.

Aber einmal ehrlich – was gewönnen wir dadurch, wenn wir seinen Geburtsort kennen würden.

Es würde nur unsere intellektuelle Neugier befriedigen – mehr nicht!!

Und meiner Ansicht nach kann diese Art von Neugier einem so grandiosen Werk wie der „Odyssee", und ihr galt ja unser Hauptaugenmerk, nur schaden. Denn wir laufen in Gefahr, all die wundervollen und phantasiereichen Erzählungen allzu sehr zu zerpflücken.

Auch wenn es für manchen unbefriedigend sein mag: Lassen wir das Rätsel Homer als Person einfach im Raum stehen und erfreuen uns an seinem grossartigen Werk, das die Jahrtausende bis in unsere Zeit überdauert hat.

Literatur

Adam, Konrad; Die Alten Griechen, Rowohlt, Berlin, 2006

De Crescenzo, Luciano; Der Listenreiche, Roman, btb, 2000

Geisthövel, Wolfgang; Unterwegs mit Odysseus durch das Mittelmeer, Artemis & Winkler, 2007

Homer, Odyssee, Übersetzung Roland Hampe, Reclam, Stuttgart, 1979

Homer, Odyssee, Übersetzung Johann Heinrich Voss, Diogenes, 1980

Kazantzakis, Nikos; Odyssee, Ein modernes Epos, Desch, 1973

Kerényi, Karl; Die Mythologie der Griechen, Band 1

Luce, John V.; Archäologie auf den Spuren Homers, Bastei Lübbe, 1975

Mees, L.F.C.; Helena und Penelope, Der Weg des Menschen im Bild der Griechischen Mythologie, Urachhaus, Stuttgart, 1981

Stefanides, Menelaos; Odyssee, Neu erzählt, Serie Griechische Mythologie, Übersetzung ins Deutsche, Sigma, Athen, 4. Neuaufl. 2004

Volkmer, Dietrich; Die Dichterin Sappho; Ihre Heimat, ihr Leben, ihre Gedichte; Books on Demand, 2003

Volkmer, Dietrich; Mars im Spiegel, Mythologisch-bissliche Betrachtungen, Books on Demand, 2021

Volkmer, Dietrich; Griechische Momente, 2022, Books on Demand

Volkmer, D.; Demokrit, Vom Mythos zur Atom-Theorie, 2022, Books on Demand

Woltersdorf, Hans Werner; Phänomen Schwerkraft – Das Medium mit dem wir denken, Walter Verlag, Olten, 1997

Karikatur: Neugriechisch, Verlag Dr. L. Reichert, Wiesbaden

Bei den aus der Odyssee entnommenen Versen handelt es sich in der Regel um die Übersetzung von Johann Heinrich Voss. Wenn allerdings das heutige Verständnis unter den etwas älteren Formulierungen leidet, wurde die Reclam-Übersetzung herangezogen.

In manchen, aber seltenen Fällen habe ich gewagt, die Sätze in eine nach meinen Vorstellungen und nach meinem Verständnis modernere Form umzuwandeln.

Homerische Puristen mögen mir diese Eigenwilligkeit nachsehen.

Weitere Informationen unter
www.literatur-drvolkmer.de
www.drvolkmer.de

Der kretische Schriftsteller Nikos Kazantzskis, im deutschsprachigen Raum bekannt durch das Buch und den Film „Alexis Sorbas" (man denke auch an den Tanz Sirtaki), hat ein umfangreiches Buch mit dem Titel „Odyssee - Ein modernes Epos" von fast 800 Seiten geschrieben.(33.333 Verse).
Der Übersetzer Gustav A. Conradi (Akad. Oberrat der Universiatät Mainz) hat extra aus Liebe zu Griechenland und Nikos Kazantzakis Neu-Griechisch gelernt, um dieses Buch übersetzen zu können.
Eine bewundernswerte Leistung"

Helena
Die Geschichte einer schönen Frau

Books on Demand

Näheres unter
www.literatur.drvolkmer.de

Frankfurt und die Götter des Olymp
Ein fiktiver Besuch aus der Antike

Books on Demand
Näheres unter
www.literatur.drvolkmer.de

Die Dichterin Dappho
Ihre Heimat, ihr Leben, ihre Gedichte

Books on Demand

Näheres unter
www.literatur.drvolkmer.de

Gefangene der Zeit
Betrachtungen eines „Insassen"

Books on Demand

Näheres unter
www.literatur.drvolkmer.de

Athos
Unterwegs im Garten
der Gottesmutter

Books on Demand

Näheres unter
www.literatur.drvolkmer.de

Alexander und Aristoieles
Eine späte fiktive Begegnung

Books on Demand

Näheres unter
www.literatur.drvolkmer.de

Antigone
Tagebuch einer Königstochter

Books on Demand

Näheres unter
www.literatur.drvolkmer.de

Kassandra
Die seherin aus Troja

Books on Demand

Näheres unter
www.literatur.drvolkmer.de

Griechische Momente

Books on Demand

Näheres unter
www.literatur.drvolkmer.de

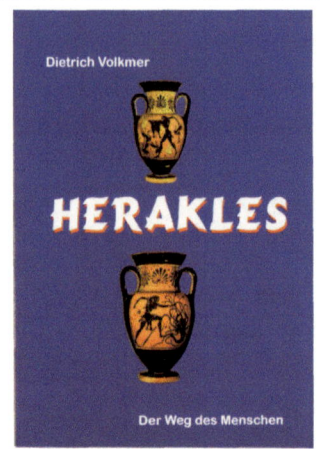

Herakles
Der Weg des Menschen

Books on Demand

Näheres unter
www.literatur.drvolkmer.de

Helena und Paris
Eine dramatische
Liebesgeschichte

Books on Demand

Näheres unter
www.literatur.drvolkmer.de

Demokrit
Vom Mythos zur Atom-Theorie

Books on Demand

Näheres unter
www.literatur.drvolkmer.de

Szenen einer Heimreise